मेरे संकल्प

मेरे संकल्प

डॉ. रमेश पोखरियाल निशंक

वाणी प्रकाशन

21-ए, दरियागंज, नयी दिल्ली-110002

फोन : 011-23273167, 23275710

फैक्स : 011-23275710

e-mail : vaniprakashan@gmail.com

website : www.vaniprakashan.com

वाणी प्रकाान का 'लोगो'
विख्यात चित्रकार मक़बूल फ़िदा हुसेन की
कूची से

ISBN : 978-81-8143-775-4

वाणी प्रकाशन
21-ए, दरियागंज, नयी दिल्ली-110002
द्वारा प्रकाात
प्रथम संस्करण : 2008

मूल्य : 100.00
आवरण : वाणी चित्रांकन
नागरी प्रिंटर्स, शाहदरा, दिल्ली-110032
द्वारा मुद्रित

MERE SANKALAP
by : Dr. Ramesh Pokhriyal 'Nishank'

अनुक्रमणिका

मेरे संकल्प : 7

भाग्य की लकीर

अस्पताल के उस आपातकालीन वार्ड में चारपाई पर लेटे अपने बीमार पिता की बिगड़ती स्थिति को देखकर मनवेन्द्र ने पूरी रात झपकी तक नहीं ली थी। सच पूछें, तो उसकी आखों में नींद तक न थी। उसकी नींद तो पिता की बीमारी के बढ़ने के साथ ही गायब हो चुकी थी। पिता के कैंसर जैसे असाध्य रोग से पीड़ित होने की खबर से उसके पांव तले जमीन खिसक गई थी। लगता था मानों उसकी सारी खुशियों एवं हौसलों को किसी की बुरी नजर लग गई हो।

उसकी व्यक्तिगत खुशियों एवं उपलब्धियों का रंग भी फीका पड़ चुका था। पिता की लाइलाज बीमारी ने तो मनवेन्द्र की खुशियों पर तुषारापात कर दिया।

कई बार वह सोचता कि वह कोई बुरा सपना देख रहा है, जो शायद नींद खुलते ही टूट जायेगा, परन्तु दूसरे ही पल वह महसूस करता कि वह तो पूरे होशोहवाश में है और जगा हुआ है। उसके सामने बेड पर उसके पिता का रुग्ण शरीर पड़ा है।

उस पिता का शरीर, जिन्हें उसने अपने जीवन में एक क्षण भी आराम करते नहीं देखा था। जब भी देखा, कुछ न कुछ करते ही देखा। कभी साग-सगोड़ों में निराई गुड़ाई करते, कभी खेतों में

जूझते, तो कभी घास लकड़ी का गट्ठर ढोते हुये। अब तो डाक्टरों ने भी हाथ खड़े कर दिए और कह दिया कि ईश्वर से दुआ करो। कोई चमत्कार ही उन्हें बचा सकता है। मनवेन्द्र सोचने लगा कि डॉक्टर बीमारी का इलाज तो करते हैं, परन्तु मृत्यु का तो उनके पास भी कोई इलाज नहीं है। पिता की मरणासन्न देह को देखकर मनवेन्द्र उस पलंग पर बैठे-बैठे कहीं अतीत की स्मृतियों में डूब गया।

बात उन दिनों की है, जब आठवीं की बोर्ड परीक्षा हुआ करती थी। परीक्षाएँ देने के बाद छुट्टियों में वह हर रोज गाँव के ऊपर चन्देणा के जंगल में काफल खाने दोस्तों के साथ जाया करता था। उस साल काफल के पेड़ फलों से लक-दक भरे हुए थे।

कुलदीप और सोहन को पेड़ों पर चढ़ने का शौक था। वे कुछ खास किस्म के पेड़ों पर ही ऊपर चढ़ कर बंदरों की तरह कूदते-फांदते, काफल बीनते, कुछ खाते और कुछ कंधे पर लटकाये झोले में भरते जाते। कई बार तो वह काफल के एक पेड़ से दूसरे पेड़ पर छलांग लगा कर पहुंच जाते।

लोग इनके करतबों को देखकर चिढ़ाते कि कुलदीप और सोहन ने तो चिड़िया के जूठे संतरे खाये हैं। चिड़िया की जूठन खाने से ही वे पेड़ों पर फटाफट चढ़ने की कला में पारंगत हो गये हैं।

उस दिन दोपहर का खाना खाने से पहले गाँव के दोस्तों की टोली काफल लेने दूर जंगल में चली गयी थी। जंगल जाते समय पिता ने कहा था, 'बेटा' काफल लेने खाना खाने के बाद जाना', परन्तु दोस्तों की टोली में शामिल हम कहाँ किसी का कहा मानते? हमने उनकी सलाह को नजरन्दाज कर दिया था। आज मैं सोचता हूँ कि बुजुर्गों का कहा हुआ और आँवले का स्वाद सचमुच बाद में ही लाभ देता है।

चंदेणा के जिस काफल के पेड़ पर कुलदीप और सोहन टहनियों में कूद-फांद कर अपने करतब दिखा रहे थे, उसी काफल के पेड़ की टहनियाँ मेरे लिये जानलेवा बन गईं थीं। उन दोनों की देखादेखी एक ऊँची टहनी पर चढ़ने के प्रयास में, मैं पेड़ से नीचे गिरकर बेहोश हो गया था।

साथियों ने चन्देणा के जंगल से पिता को आवाज लगाई कि मनवेन्द्र गिर गया। उतनी चढ़ाई पर हांफते-कांपते पिता जी चन्देणा पहुँचे। मेरी हालत देखकर वे कुछ देर तक तो सिर पकड़कर वहीं पर बैठ गये, फिर जैसे-तैसे मुझे पास के प्राथमिक स्वास्थ्य केन्द्र में पहुँचा कर पिता जी ने तब चैन की सांस ली, जब डॉक्टर ने बताया कि खतरे की कोई बात नहीं है। मेरे पांव में यदि कभी काँटा भी चुभता था, तो वे सिहर उठते थे।

एक पिता का पुत्र के प्रति इस तरह का लगाव आज कहाँ खो गया? आज दुनियादारी से बेखबर वे बिस्तर पर पड़े अंतिम सांसे गिन रहे हैं। मनवेन्द्र सोचने लगा कि उन्होंने मेरे लिए कितने दुःख दर्द झेले। आज मैं जिस मुकाम पर हूँ, वह सब कुछ उन्हीं के त्याग, परिश्रम और संघर्षों का परिणाम है।

वह जब तीन साल का था, तो माँ का साया सिर से उठ गया। लोगों ने पिता जी पर तरह-तरह के दबाव डाले कि 'अभी तुम्हारी उम्र ही क्या है! शादी कर लो। तुम्हारी घर गृहस्थी भी संभल जायेगी, साथ ही तुम्हारे नन्हें से बेटे को माँ का प्यार भी नसीब हो जायेगा,' किन्तु पिता जी ने मेरी खातिर इतना लम्बा पहाड़ सा विधुर जीवनयापन करना बेहतर समझा, अन्यथा पच्चीस-छब्बीस वर्ष की आयु में कौन उन्हें अपनी बेटी न देता।

उन्होंने मेरे जीवन-निर्माण में अपने सुखों की आहुति दे दी और तिल-तिल कर अपना जीवन मेरी खुशियों के लिए समर्पित कर दिया। पिता की इस कठिन तपस्या के बल पर ही तो आज वह

इस मुकाम पर पहुँच पाया है अन्यथा आज वह इतना बड़ा वैज्ञानिक न होकर, दिल्ली जैसे महानगर में किसी होटल की बैयरागिरी कर रहा होता या झूठे बर्तन साफ कर रहा होता।

अपनी मंजिल को पा लेने के बाद पिताजी को लेकर कैसे-कैसे सपने सजाये थे मनवेन्द्र ने! सोचा था, इस बार जब दिवाली में घर जायेगा तो पिताजी को अपने साथ ले आयेगा। उनसे साफ शब्दों में कह देगा कि अब वे कुछ भी काम नहीं करेंगे, बल्कि सिर्फ आराम करेंगे। उनके संघर्ष और कठिनाइयों भरे बीते दिनों का मीठा फल अब उन्हें मिलना ही चाहिये।

उसे आज भी याद है, कुमेड़ा गाँव उसके इर्द-गिर्द के इलाके में इस बात की चर्चा रहती थी कि लड़का हो तो मनवेन्द्र जैसा! कितना सौम्य, सुशील व प्रतिभावान। आठवीं की बोर्ड परीक्षा में अपने जनपद में प्रथम तो आया ही, साथ ही हाईस्कूल की बोर्ड परीक्षा में पूरे प्रदेश की मेरिट लिस्ट में पहला स्थान पाकर मनवेन्द्र ने अपनी प्रतिभा का लोहा मनवा लिया था।

जब अखबार और इलेक्ट्रॉनिक मीडिया वाले पत्रकार और छायाकर कुमेड़ा गांव के नन्दनसिंह के यहाँ पहुँचने लगे थे, तो लोगों की आंखे खुली की खुली रह गई थीं। गांव-गलियों में लोग खुसर-फुसर करते रहे, कि अखबार वाले मनवेन्द्र की फोटो खींचने आये हैं। मेरिट में नाम आते ही मनवेन्द्र की चर्चा पूरे इलाके में ही नहीं, पूरे प्रदेश में होने लगी।

आखिरकार माध्यमिक शिक्षा परिषद की इण्टरमीडिएट परीक्षा में भी मनवेन्द्र ने प्रदेश की योग्यता सूची में पहला स्थान बनाकर अपने स्वर्णिम भविष्य की राह निश्चित कर ली थी। उसी के फलस्वरुप टाटा, बिड़ला तथा मफतलाल जैसे बड़े औद्योगिक घरानों की निगाहों में मनवेन्द्र आ चुका था।

'टाटा फाउण्डेशन' द्वारा मनवेन्द्र को छात्रवृत्ति देकर अमेरिका

भेजने के लिए चयनित कर लिया गया और नन्दन सिंह का यह इकलौता लाल मनवेन्द्र अपनी प्रखर प्रतिभा के बल पर सात समन्दर पार जा पहुंचा। अमेरिका में अपने हुनर व योग्यता के बल पर मनवेन्द्र नासा जैसे विश्वविख्यात अन्तरिक्ष अनुसंधान केन्द्र से जुड़ गया, किन्तु अपनी माटी के प्रति उसका जुड़ाव और लगाव उसे वापिस भारत ले आया। अब मनवेन्द्र अपनी सेवाएं भारतीय अतंरिक्ष अनुसंधान परिषद में बतौर वरिष्ठ वैज्ञानिक दे रहा था।

कुदरत भी कभी-कभी अपना खेल कितने निष्ठुर तरीके से खेलती है। जब मुसीबत के दिन थे तो अभाव में ही जीवन व्यतीत हुआ। अब सुख के दिन आये, तो बीमारियों ने जकड़ लिया। क्या नियति ने पिताजी के हिस्से में सिर्फ संघर्ष करना ही लिखा था? वह जीवन भर संघर्ष करते रहे और संघर्ष करते-करते ही उनकी हालत यहाँ तक पहुँच गई। कभी गांव के बंजर खेतों को आबाद करने में उन्होंने जी-तोड़ मेहनत की थी, बंजर धरती को काट कर उन्होंने वहां सीढ़ीनुमा खेतों का ही निर्माण नहीं किया, वरन् वहाँ तक गूल पहुँचाने में भी अपना जीवन समर्पित कर दिया।

गांव के उन खेतों में आज भी फसलें लहलहा रही हैं और उन सीढ़ीनुमा खेतों से सटे बुरांश, बांज के पेड़ों की हरियाली गाव के किसानों में नव जीवन का संचार करती प्रतीत होती है। काश! वही जीवन-प्रवाह उसके पिता के शरीर में भी दौड़ पड़ता। सोचते-सोचते मनवेन्द्र ने बेंच पर बैठे-बैठे न जाने कब अपना सिर पिता के बिस्तर पर टिका दिया। कई रातों से सोया नहीं था वह। न जाने कब, क्षण भर के लिये आंख लग गई।

आंख तब खुली, जब एक स्वर उसके कानों में पड़ा 'मनवेन्द्र सर!' मनवेन्द्र ने बिना सिर उठाये ही धीरे से आंखे खोलीं। उसने महसूस किया कि पिताजी ने उसके सिर के ऊपर अपना हाथ रखा है, आशीर्वाद की मुद्रा में। सामने स्टाफ नर्स खड़ी थी।

12 : मेरे संकल्प

'सर, बैड खाली कर दीजियेगा, प्लीज', स्टाफ नर्स बोली। आश्चर्यचकित नजरों से उसने एक पल स्टाफ नर्स को घूरा, फिर उसकी बात का अर्थ समझ कर वह अचानक हड़बड़ा कर उठ गया और उसके सिर पर रखा पिताजी का हाथ एक ओर झूल गया। उसने आतुर नजरों से पिता की ओर देखा। उनकी गर्दन एक ओर लुढक कर निढाल हो चुकी थी।

मेरे संकल्प : 13

संकल्प

मनवर को पुलिस पकड़ कर ले गई तो गांव में हड़कम्प मच गया। हर सायं कच्ची शराब को हलक में उतारने वालों के लिए यह बुरी खबर थी। देखते ही देखते यह खबर पूरे इलाके में जंगल की आग की तरह फैल गई। करछूना गांव की महिला पंचायत की यह हाल के दिनों में सबसे बड़ी सफलता थी और उस रात गांव की महिलाओं ने पधान काका के बड़े चौक में 'झुमैलो' लगाकर अपनी खुशी का इजहार किया था।

गांव में इस शराब विरोधी मुहिम को परवान चढ़ते देख, इर्द-गिर्द के दारू प्रेमियों की बेचैनी बढ़ गई थी और उन्होंने शराब विरोधी आंदोलन को हवा देने वाली महिलाओं को सबक सिखाने की ठान ली।

सीमंध के सेरे वाली खेतों की हरियाली इसी कच्ची शराब की भेंट चढ़ गई थी। वहाँ के सोना उगलते खेतों के बासमती चावल की खुशबू पूरे इलाके में फैली थी। लहलहाते धान के खेतों को देखते ही मन प्रफुल्लित हो जाता और लोग कहते न थकते कि 'बासमती हो तो सीमंध जैसी।'

सीमंध के उपजाऊ खेतों के हक-हकूकों को लेकर गडूना और करछूना के काश्तकारों में कई बार मुकदमें चले, कोर्ट

कचहरी तक जाते-जाते गॉववालों की एड़ियाँ घिसती रहीं।

गृहणियों ने अपने मंहगे जेवरात तक बेच डाले, लेकिन दोनों गांव की इस पुश्तैनी जमीनी लड़ाई में एक भी पक्ष हार मानने को तैयार न था। कोर्ट ने इस जमीन के मालिकाना हक पर यथास्थिति का निर्णय दे दिया। फलतः करछूना के काश्तकारों की फसलें इन खेतों में कई वर्षों से लहलहा रही थीं। दोनों गांवों के बीच की यह लड़ाई किसी से छिपी न थी। पिछले साल जब से गड़ूना के ग्रामीणों ने रातों रात सीमंघ की खड़ी फसल को कटवा दिया, तब से दोनों गांव के सामान्य होते सम्बंधों को फिर ग्रहण लग गया और दोनों गांवों के लोग एक दूसरे के खून के प्यासे हो गये।

मनवर की बनाई हुई शराब की इस इलाके में खासी मांग थी। लगभग एक दर्जन से अधिक गांवों के नशेड़ियों की विचित्र हरकतों और रातों की सैरगाह बना करछूना गांव आखिर कब तक मूकदर्शक बना रहता। इन दोनों गांवों में एक पारस्परिक समानता भी थी। जिस प्रकार शराब पीने के लिए दोनों गांवों के पुरुष एक ही अड्डे पर जाते थे, उसी प्रकार शराब विरोधी मुहिम को लेकर दोनों गांवों की महिलायें एकजुट होकर अपने पुराने पुस्तैनी झगड़ों को भूलकर 'महिला पंचायत' के बैनर तले अपनी लड़ाई में खुलकर सामने आ जातीं। कुन्ती के नेतृत्व में महिलाओं की शराब विरोधी मुहिम परवान चढ़ चुकी थी, किन्तु एक सायं शौच के लिये गई कुन्ती की आबरू को वहशी भूखे भेड़ियों ने तार-तार कर दिया।

इस घटना ने सारे इलाके में लोगों के रोंगटे खड़े कर दिये। लोग समझ गये थे कि कुंती की इज्जत से खेलने वाले दरिंदों को शराब विरोधी मुहिम में उसकी अगुवाई खटक गई थी और कुंती के साथ हुआ बलात्कार उसी प्रतिशोध की भावना का परिणाम था। कुंती का नेतृत्व-कौशल इतना प्रखर था कि उसने विरोधी गांव की

महिलाओं को भी एक मंच पर लाकर यह साबित कर दिया कि ग्रामीण महिलाओं की समस्याओं की एक ही जड़ है, और वह है, 'शराब'! जब तक शराब का उन्मूलन नहीं होगा, तब तक महिलाओं की समस्याओं का अंत नहीं होगा। शराब का कारोबार जब तक गांवों में चलता रहेगा तब तक महिलायें बलात्कार जैसे कलंक को ढ़ोती रहेंगी, जिससे समाज का ताना-बाना ही छिन्न-भिन्न हो जायेगा और नई पीढ़ी भी इस अभिशाप से बच न सकेगी।

कोई और महिला होती, तो अपनी इज्जत के नाम पर जान दे बैठती। उस घटना के बाद कुंती के मन में भी कई बार आत्महत्या करने का विचार आया, लेकिन फिर वह सोचती कि इज्जत भी मेरी लुटी और जान भी मैं ही गवाऊँगीं? कुंती का कठोर मन इस बात को स्वीकारने के लिए कतई तैयार न था कि बलात्कार के कलंक को धोने के लिए उसे आत्महत्या कर लेनी चाहिए।

उस रात वह एक पल के लिए भी झपकी तक न ले सकी थी।

सुबह होते ही उसने मनवर के चौक से सटे खेत की गिट्टी उठाकर, धरती माँ की सौगंध खाते हुए, चिल्ला-चिल्ला कर कहा, 'मैंने तुझे आत्महत्या के लिए मजबूर न किया, तो मेरा नाम भी कुंती नहीं।' प्रतिशोध की ज्वाला में जल रही कुंती की आंखें आग उगल रही थीं और चेहरा गुस्से से तमतमा रहा था। कुंती के रणचण्डी रूप को देख सभी लोग सहम गये थे।

गांव की दो-चार महिलाओं को साथ लेकर कुंती ने अपने साथ हुए बलात्कार की रिपोर्ट राजस्व पुलिस में दर्ज करवानी चाही, तो पटवारी ने रिपोर्ट दर्ज करने से ही साफ मना कर दिया। फिर तो कुंती व उसकी साथी महिलाओं के गुस्से का ठिकाना न रहा और उन्होंने मन बना लिया था कि वे अब रिपोर्ट रेगुलर पुलिस को करेंगी। गांव से दस मील दूर नागधार के बाजार जाकर कुंती

ने अपने साथ हुए बलात्कार की रिपोर्ट दर्ज करायी।

रेगूलर पुलिस ने तत्काल कार्रवाई करते हुए करछूना में दबिश दी और बलात्कार के लिए नामजद मनवर पुत्र रणवीर सिंह व बबलू पुत्र डूंडा सिंह को गांव जाकर गिरफ्तार कर जेल भेज दिया।

मनबर और बबलू को जेल की सलाखों के पीछे करने के बाद भी कुंती के मन में जल रही आग शांत न हुई। कुंती ने अब संकल्प ले लिया था कि वह बलात्कारियों व शराबियों का नामो निशां मिटा कर ही दम लेगी।

मनबर को पुलिस पकड़ कर ले गई, तो उसने सरेआम कुंती को जलील करना चाहा, लेकिन कुंती के दृढ़ आत्म विश्वास एवं इच्छा शक्ति के सामने उसकी एक न चली। उसकी हरकतों को देखकर कुंती कह उठी, 'तुझे तो भगवान भी कभी माफ नहीं करेगा! तूने सारे इलाके के लोगों को जहर बाँट कर कई हंसते-खेलते घरों को उजाड़ दिया, पापी! तुझे नर्क में भी जगह नसीब न होगी' कुंती के मन का जैसे गुबार फूट चुका था।

मनबर भले ही जेल चला गया था, परन्तु उसके साथी फिर भी उन्हीं हरकतों को अंजाम देने में लिप्त थे। वे गांव की फिजा को खराब करना चाहते थे। वे जानते थे कि यदि गांव व इलाके का माहौल अच्छा हुआ तो उनकी दुकानदारी ही बंद हो जायेगी।

उन्होंने गांव में कुंती के खिलाफ अनर्गल दुष्प्रचार करना शुरू कर दिया। कुन्ती जैसी महिला की भावनाओं को ठेस पहुंचाने एवं उसे हतोत्साहित करने के लिए उन्होंने उसी रास्ते को चुना, जो सदियों से महिलाओं के विरुद्ध पुरुष प्रधान समाज अपनाता रहा है, किन्तु कुंती अपने ऊपर लगे कलंक से डरने वाली नहीं थी। उसने पूरे क्षेत्र की महिलाओं को एकजुट कर शराब-विरोधी अभियान को पूरी गति दी और उसे पूरे अंजाम तक पहुंचाकर ही दम लिया।

करछूना गांव की अशान्त वादियों में अब फिर से अमन-चैन लौट आया है। सीमंध के सेरे वाली खेतों की हरियाली और भी गहरा गई है। जमीन को लेकर दो गांवों के बीच का वर्षो पुराना जो टकराव था, वह अब समाप्त हो गया है। गांव व पूरे इलाके में शराब की थैलियों की जगह दूध-घीं की नदियाँ फिर से बहने लगी हैं। यह सब देख आज कुंती सुकून महसूस कर रही थी।

कुंती को लग रहा था कि उसके जीवन भर का व्रत अब सफल हो रहा है और जब गांववालों ने उसे निर्विरोध गांव का प्रधान चुना, तो उसके संकल्प को और ताकत मिल गई। उसकी गहरी नीली आंखों में जो सपने तैर रहे थे, वे वास्तव में एक आदर्श व समृद्ध गांव की कल्पनाओं से कहीं ऊपर थे।

गांवों में 'नशा उन्मूलन' के संकल्प की चमक कुंती के चेहरे पर दमक रही थी

परीक्षा

प्रदीप ने जब बी.ए. फाइनल में पूरे विश्व विद्यालय में सर्वोच्च अंक प्राप्त किए, तो पूरे इलाके में इस बात की चर्चा हो गई कि देखो बसंतू के बेटे ने क्या कमाल कर दिखाया। कहते हैं, 'होनहार बिरवान के होत चिकने पात।'

बी.ए. करने के बाद प्रदीप ने प्रशासनिक सेवाओं की तैयारी का मन बनाया था, लेकिन पिता बसंतू लाल की बीमारी ने उसके सपनों को जैसे ग्रहण लगा दिया। गांव के खेतों को एक एक कर गिरवी रख बसंतू ने किसी तरह प्रदीप के बी.ए. तक का खर्चा तो वहन कर लिया, किन्तु अब इलाहाबाद आई.ए.एस. कोंचिग के लिए कहाँ से पैसों का व्यवस्था हो पायेगी? सोच में डूबा अशक्त व बीमार बसंतू लाल मन ही मन टूट चुका था।

गांव में खेती–बाड़ी के काम के अलावा बसंतू लाल मेहनत मजदूरी कर किसी तरह अपने घर परिवार का बोझ उठा रहा था, परन्तु इस साल गर्मियों में अचानक उल्टी–दस्त के बाद बसंतू ने चारपाई पकड़ ली थी।

एक बार चारपाई क्या पकड़ी कि वह फिर खड़ा ही नहीं हो पाया। गांव के आस पास न तो कोई अस्पताल था, न ही कोई डॉक्टर। पास के गांव से वैद्य जी को बुलवाकर दिखवाया तो बसन्तू

की हालत देख वैद्य जी ने तुरन्त सतपुली अस्पताल में डॉक्टरों को दिखाने की सलाह दी।

दूसरी सुबह प्रदीप गांववालों के साथ पिता को चारपाई पर रख, सात–आठ मील दूर सतपुली अस्पताल ले गया, तो पता चला कि आज तो कोई भी डॉक्टर उपलब्ध नहीं है, एक तो मीटिंग के लिये आज सुबह ही पौड़ी गये हैं, जबकि दूसरा पिछले आठ–दस दिन से अस्पताल में है ही नहीं, अपने घर मेरठ गया हुआ है। डॉक्टर के नाम पर आज तो अस्पताल में एक वार्ड ब्वॉय व एक सफाईकर्मी ही उपलब्ध था। इस तपती दुपहरी में सात–आठ मील दूर से चारपाई पर लेटे–लेटे बसन्तू की स्थिति और बिगड़ गई थी।

प्रदीप ने पिता को चारपाई से उठाकर अस्पताल के बाहर पेड़ के नीचे लगे बैंच पर लिटाया और पास में लगे नल से पानी लाकर पिलाया, तो बसन्तू की सांस में सांस आई। प्रदीप ने बसन्तू के साथ अस्पताल के बरामदे में ही लेटकर रात व्यतीत कर दी। अगली सुबह डॉक्टर को दिखाया तो बसन्तू की चलती–थमती सांसें देखते ही डॉक्टर ने हाथ खड़े कर दिये और बोला कि इसकी बीमारी तो पकड़ में ही नहीं आ रही है, कोटद्वार अथवा देहरादून के किसी बड़े अस्पताल में ले जाकर दिखाओ। डॉक्टर के मुंह से ऐसा सुन प्रदीप हताश हो गया।

कहाँ तो वह कोचिंग के लिये इलाहाबाद जाने के सपने देख रहा था और कहाँ आज पिता को इलाज के लिये कोटद्वार तक ले जाने की सामर्थ्य भी उसमें नहीं है।

शहर के अस्पताल के लिए पैसे कहाँ से आयेगें? मेहनत मजदूरी करके घर का खर्चा चलाने वाले पिता तो आज लाचार बीमार पड़े हैं, इलाज के लिए कोई रुपये कर्ज भी देगा तो क्यों?

प्रदीप इसी उधेड़बुन में उलझा हुआ था कि गांव के भुवनलाला की नजर उस पर पड़ी, तो पास आकर उसकी पीठ थपथपाते हुए

कहा, 'बेटा प्रदीप निराश न हो, बसंतू का इलाज मैं करवाऊंगा। जितना भी खर्चा आयेगा, मैं वहन कर लूंगा।' सुनकर प्रदीप को लगा कि उसकी बहुत बड़ी समस्या हल हो गई है और वह भुवनलाला के पैरों में गिर गया।

भुवनलाला उसे ढाढस बंधाते और हिम्मत देते हुए बसन्तू को लेकर कोटद्वार आ गये और बसन्तू को तुरन्त अस्पताल में भर्ती करवा दिया। अस्पताल में डॉक्टरों ने बसंतू के कई टेस्ट करवाये। जाँच में आंतों के कैंसर की बीमारी निकली।

अब तो प्रदीप की रही सही हिम्मत भी जबाब दे गई थी। आई.ए.एस. बनने की तमन्ना उसे दम तोड़ती नजर आने लगी थी। कितना उत्साह और उमंग था उसके मन में, जिस दिन उसने विश्वविद्यालय में सर्वोच्च स्थान प्राप्त किया था।

हताशा में डूबे बेटे की आंखों को पढ़कर अस्पताल के बेड में पड़े-पड़े बसंतू ने भुवनलाला की ओर लाचारगी भरी निगाहों से देखा था और खाँसते खाँसते कहा था 'लाला ज़ी! मेरे बेटे का क्या होगा, वह नौकरी की तैयारी के लिए इलाहाबाद जाना चाहता था?'

सुनते ही भुवन लाला तुरन्त कह उठा 'बसंतू! चिंता न कर, तेरा बेटा आज से मेरा बेटा है। मैं इसको इलाहाबाद भेजूंगा और तेरा व तेरे बेटे का संकल्प पूरा करके दिखाऊँगा। मुझ पर विश्वास रख बसंतू।' यह सुन बसंतू की आँखें डबडबा गई और वह रूंधे हुए कंठ से बोला, 'लाला जी आप तो मेरे परमेश्वर निकले, मैं आपका यह अहसान कभी नहीं भूल पाऊंगा।'

भुवन लाला ने प्रदीप की हौसला अफजाई करते हुए कहा, 'बेटा! तेरे बाप को कुछ नहीं होगा। तू कल सुबह ही इलाहाबाद जाने की तैयारी कर, मेरे से जितनी आवश्यकता हो, उतने रूपये ले जा। अगर बसंतू की दिली तमन्ना है कि उसका बेटा बड़ा आदमी बने, तो मैं भी उसके इस पावन संकल्प को पूर्ण करने में उसका साथ

अवश्य दूंगा।'

भुवन लाला की बातें सुन प्रदीप का आत्मविश्वास लौट आया और उसने मन बनाया कि वह और कुछ नहीं, तो अपने बीमार पिता व भुवन लाला के अरमानों को जरूर पूरा करेगा। भुवनलाला की सलाह मानकर प्रदीप पिता को कोटद्वार अस्पताल में बीमारी की हालत में ही छोड़कर इलाहाबाद चला गया। बसन्तू की हालत दिन प्रतिदिन खराब होती गई और प्रदीप के जाने के पन्द्रह बीस दिनों बाद ही बसन्तू इस दुनिया से हमेशा के लिये विदा ले चुका था।

इलाहाबाद जाकर प्रदीप आई.ए.एस. परीक्षा की तैयारी में दिन-रात जुट गया। भुवन लाला ने भी प्रदीप को किसी तरह की कमी नहीं होने दी। इलाहाबाद में कोचिंग की महंगी फीस से भुवन लाला की हालत भी दिन-प्रतिदिन डगमगाती गई। हर माह हजारों रूपये का मनीआर्डर भेज-भेज कर भुवनलाला की सतपुली वाली दुकान भी कब की बिक चुकी थी।

गांववालों ने भुवनलाला की डगमगाती आर्थिक स्थिति को देखकर व्यंग्य बाणों भरे ताने कसने शुरू कर दिये, 'किस का बेटा किस का क्या? लाला जी क्यों इतने धर्मात्मा बनते हो। पहले बसंतू लाल की बीमारी पर लाखों खर्च किए और अब उसके बेटे पर लाखों लुटा रहे हो, अरे इतना तो कोई अपनों पर भी नहीं लुटवाता। आखिर भुवन लाला का दिमाग क्यों खराब हो गया?' लोगों के गले यह बात नहीं उतर पा रही थी कि भुवनलाला ऐसा कर क्यों रहा है?

दो-तीन साल यूं ही बीत गए और प्रदीप अभी तक किसी भी परीक्षा में नहीं निकल पाया था, किन्तु भुवनलाला को प्रदीप की योग्यता पर पूरा भरोसा था, इसीलिये भुवनलाला ने उसे खर्चा देना बंद नहीं किया। भुवनलाला के संकल्प व निश्चय को देखकर धीरे-धीरे गांवों वालों ने भी भुवनलाला के खिलाफ बोलना बन्द

कर दिया।

कहते हैं, हर रात के पीछे एक सुबह जरूर छिपी होती है और हर दुःख के पीछे सुख होता है। भुवनलाला की पूरी सम्पत्ति यद्यपि प्रदीप की कोचिंग में समाप्त हो गई और वह प्रदीप की खातिर कगांल बन गया था, किन्तु 15 जून का सूरज उसके जीवन में उल्लास की नई किरणें लेकर आया, जब प्रदीप ने फोन पर भुवनलाला को बताया कि वह आई.ए.एस. की परीक्षा पास कर चुका है।

उस दिन भुवनलाला इतने प्रसन्न होकर सबसे गले मिल रहे थे मानो उनका अपना बेटा ही आई.ए.एस. बना हो।

भुवन लाला सोचता रहा कि 'काश! आज बसंतू लाल जिंदा होता, तो उसे सीना ठोककर बताता कि देख बसन्तू! मैंने अपना संकल्प पूरा कर दिया है' कुछ दिनों बाद जब प्रदीप घर लौटा, तो गांववालों ने उसी घर में भुवनलाला और प्रदीप को घेर लिया, जिस घर में संकट और मुसीबत के क्षणों में उन्हें अकेला छोड़ दिया था। प्रदीप ने जब सारे गांव के सामने भुवनलाला से लिपटकर उन्हें अपना असली पिता कहकर पुकारा, तो भुवनलाला की आँखें भर आईं।

ठीया

रितेश का मन आज बेचैन था। कई-कई दिनों से उसकी रातों की नींद गायब थी। सड़क दुर्घटना में जवान बेटे की मौत ने उसे अन्दर ही अन्दर खोखला बना दिया था। उसे वही शहर अब मनहूस लगने लगा था, जहाँ एक सुंदर आशियाना बनाने की उसने कभी कल्पना की थी।

अमरोहा शहर के पॉश इलाके में आलीशान कोठी बनाने के बाद रितेश की पत्नी मधु ने कहा था कि अब हमारी सारी समस्यायें हल हो गईं। जन्नत की सारी खुशियाँ हमारे इस आशियानें में होंगी, जिसे बनाने में वर्षों लग गए। रितेश की जीवन भर की कमाई उसको बनाने व साज-सज्जा में लग गई। वह एक घर से अधिक भावनाओं, संवेदनाओं, जीवन की आशाओं एवं आकांक्षाओं का एक ऐसा ठीया था, जहां भविष्य की सतरंगी कल्पनाएं मूर्त रूप लेती सी प्रतीत हो रहीं थीं।

जिस घर की चारदीवारी के अंदर सांसों का प्रवाह नित नव जीवन का उल्लास पल्लवित करता था, उस घर के आंगन में सुस्ताते, एकांत क्षणों में वह किसी विजयी 'योद्धा' की तरह अपने को महसूस करते, जिसने मानों जीवन के कठिनतम् संघर्षों व विषम परिस्थितियों से जूझ-जूझकर 'विजयश्री' का वरण किया हो।

रितेश सोचता कि मधु उसे कैसे बार-बार उलाहना देती थी कि तुम्हारे बस की कुछ नहीं है। तुम कभी मकान बना पाओगे, ऐसा मुझे विश्वास नहीं और आज जब मकान बनकर तैयार हो गया, तो मधु ने कितनी उमंग और अरमानों से घर का नाम 'आशियाना' रखा था।

शहर की जिंदगी भी कितनी एकाकी हो गई है। सुख के दिन तो चार दीवारी के अंदर ही पंख लगा कर फुर्र उड़ जाते हैं, परन्तु दुःख की बोझिल लम्बी-लम्बी भयावह रातों को कौन उनके साथ बांटेगा? आज इतने बड़े शहर में रितेश व उसकी पत्नी मधु नितांत अकेले थे। एक मई 2002 की उस काली रात के बारे में सोचते ही उनकी रूह काँप जाती है।

उस रात को याद करते ही मानों रितेश की सांसे फिर अटक गई हों, गला सूख गया और कंठ रुंध गया। 'आखिर हमारे ही साथ ऐसा क्यों हुआ? मधु! हमने तो कभी किसी का बुरा भी नहीं किया, न सोचा।' छोटे बेटे के हार्ट की बाईपास सर्जरी में लाखों खर्च हो गए। बड़ा बेटा सड़क दुर्घटना में मारा गया। जवान बहू को देख उसकी छाती पर सांप रेंगने लगते। कुछ लोगों ने कहा था कि बड़े बेटे की बहू नीतू की शादी छोटे बेटे से कर लो, किन्तु ऐसा सोचते ही मन कांप जाता। वह हार्ट का मरीज है। एस्कॉर्ट के डॉक्टरों ने उसकी शादी न करने की सलाह जो दी है।

कुछ लोगों ने तो यहाँ तक कहा कि नीतू के घर में कदम रखते ही इस घर को किसी की नजर लग गई। नाते-रिश्तेदारी के बुजुर्ग कहते, बड़ी मनहूस बहू निकली वह, अच्छा-खासा खुशहाल घर नरक में तब्दील हो गया। रितेश सोचता, बेचारी बहू का इसमें क्या दोष? लोग तो जितने मुँह उतनी बातें करते ही हैं। अब उसका भी इस घर में मन नहीं लगता।

सुन्दर, सौम्य व सुशील नीतू के भविष्य के बारे में सोच-सोच

कर रितेश का मन डर जाता। जवान विधवा बहू, कभी कोई ऊँच-नीच हुई, तो समाज में मुँह दिखाने के काबिल भी नहीं रहेंगे। सुख-चैन तो सब छिन गया, पर इज्जत तो अभी बाकी है।

कई बार मन में खयाल आता कि बहू के हाथ पीले कर दूँ। किसी अच्छे लड़के को ढूंढ़कर उसका घर बसा लूँ। आखिर वह जीयेगी भी तो किसके सहारे? अगर बड़े बेटे के नाम पर उसकी कोख से बेटा-बेटी जो भी होता, तो भी संतोष कर लेता, लेकिन ईश्वर को ऐसा भी मंजूर न था, उसने गोद तो खाली थी ही, उस पर कोख भी खाली कर दी।

बड़े बेटे की जगह जवान विधवा बहू को ऑफिस जाते देख रितेश को ऐसा लगता, जैसे सौ-सौ बिच्छुओं ने उसे एक साथ डंक मार दिया हो। रितेश ने अपने समधी रामशरण को फोन कर कहा था, 'समधी जी हमारी बहू आपके घर से ही दफ्तर जायेगी, वहाँ बहू का मन भी थोड़ा रमा रहेगा।'

बुझे मन से रितेश ने समधी से कहा था कि 'हम बच्चों की बेहतरी के लिए केवल प्रयत्न ही कर सकते हैं। यह बात अलग है कि हमारी कोशिशों को किसी की नजर लग गई।' इतना कहते हुए उनका कंठ रुंध गया और उन्होंने फोन का रिसीवर नीचे रख दिया।

रितेश मई, 2002 की उस काली मनहूस रात को शायद ही कभी भूल पायें, जिस दिन उनकी खुशियों को हमेशा के लिए ग्रहण लग गया था। कुछ लोगों ने तो यहाँ तक कहना शुरू कर दिया था कि उन्होंने अपने पैतृक कुल देवता की वर्षों से पूजा नहीं की, इसलिये उनके कोप का शिकार उनके दोनों बेटे हो गये हैं।

इस बीच उन्होंने ज्योतिषविदों, तांत्रिकों व गणनाकारों के कई चक्कर काटे। एक पूछेरे ने कहा कि उनकी सौतेली दादी ने उनके लिए 'घात' डाली हुई है। उस 'घात अहंकार' को पूजने के लिए उस पूछेरे ने जो विधि-विधान बताये, वे कम चौंकाने वाले न थे। मुर्गा व बकरे काटने के साथ सुअर को चौराहे पर दफनाने जैसे

विधान बताकर उस 'तांत्रिक' पूछेरे ने कहा कि इस तांत्रिक अनुष्ठान के बाद ही उनके परिवार पर मंडरा रहे दुःखों की छाया दूर हो पायेगी और तभी वह शहर के अपने मकान में खुशहाली से अपना शेष जीवन जी सकेंगे।

मरता क्या न करता? रितेश ने अपने पैतृक गांव में इस तरह के अनुष्ठान करने की सोच डाली। वह शहर के अपनी उस आलीशान कोठी के प्रांगण में बैठे-बैठे गांव की स्मृतियों में डूब गया।

कितना सौहार्द्र व एकांत था गांव में! सारा गाँव अपना घर सा लगता था। एक दूसरे के दुःख-दर्द में हमेशा साथ निभाते थे लोग। गाँव में कोई छोटी सी घटना भी किसी के साथ घट गई, तो सारा गाँव एक हो, उस संकट को दूर करने का प्रयास करता, लेकिन इतने बड़े कंक्रीट व सीमेन्ट से बने मकानों के जंगल में वे नितान्त अकेले थे। कोई भी तो नहीं आया, विपत्ति के इन क्षणों में उनके आँसू पोंछने।

शहर का हर शख्स आज झूठे दिखावे व छलावे में जी रहा है। क़िसी को किसी से कोई मतलब नहीं। हर कोई अपने स्वार्थों व निजी जिन्दगी में इतना खो गया है कि उसे अपने लोगों के बारे में सोचने का भी समय ही नहीं है। संकीर्ण मानसिकता लिये भौतिकवाद के सहारे अनजान मंजिल की तरफ अंधी दौड़ लगाते अपने घर की चारदीवारी तक सिमटे हुए इन लोगों को दूसरे के दुःखों से आखिर क्या सरोकार!

छलावा

शोलापुर जैसे हाईटेक महानगर में पहुंचते ही मवलेश प्रसाद की अक्ल ने जैसे काम करना बंद कर दिया हो। कई-कई मंजिलों ऊँचे विशालकाय मकानों के सामने वह खुद को असहाय व बेसहारा महसूस कर रहा था। कहने को तो वह एक सीधा व सच्चा पहाड़ी छोरा था, लेकिन उसके पहाड़ीपन में स्वाभिमान एवं बहुत कुछ कर गुजरने की तमन्ना साफ झलक रही थी।

कम पढ़ा-लिखा होना और कम समय में अधिक पाने की लालसा उसे अन्दर ही अन्दर कहीं झकझोर भी रही थी। जिन्दगी की सुख-सुविधाओं को पाने के लिए अब उसने जो रास्ता चुना है, वह उसे किस ओर ले जायेगा, वह आज समझ नहीं पा रहा था।

शोलापुर के कुख्यात बिल्डर 'मनजीत ब्रदर्स प्रॉपर्टीज' के कार्यालय में आने-जाने वाले लोगों को पानी पिलाने की नौकरी शुरू करने वाले मवलेश प्रसाद को इस बात का अहसास तो था कि जिन लोगों के साथ वह नौकरी कर रहा है, उनके दामन पर गरीबों के खून के छीटों का रंग इस कदर चढ़ा हुआ है कि हजारों पुण्य करने के बाद सात जन्म में भी वे दाग धुल नहीं पायेंगे, किन्तु वहाँ की चकाचौंध में वह ऐसा रम गया कि मवलेश को पता ही नहीं चल पाया कि कब वह उनके काले कारनामों का मुख्य

सूत्रधार बन बैठा और देखते-देखते शोलापुर शहर की रातों की रंगीनियाँ उसके आगोश में सिमट गई।

अपनी शानौ शौकत व अय्याशी के लिए दबे कुचले गरीब लोगों की जमीन हड़प कर, उनके खून-पसीने की गाढ़ी कमाई पर आखिर वह कब तक ऐश करता? जमीनें कब्जाकर बेचने व रातों-रात धनकुबेर बनने की चाहत लिये मवलेश प्रसाद शोलापुर पुलिस की निगाहों में तब से चढ़ गया था, जब शोलापुर देहात के एक बड़े भू-खण्ड को कब्जाने के दौरान उसने भूस्वामी निसंतान वृद्ध दम्पत्ति को अपनी अवैध राइफल से मौत के घांट उतार दिया था।

इस दोहरे हत्याकाण्ड में मवलेश की संलिप्तता ने अन्ततः उसे शोलापुर छोड़ने पर विवश कर दिया। कुछ दिनों बाद वह पुलिस की आंखों में धूल झोंक कर अपने काले कारनामों को अंजाम देता रहा, किन्तु पुलिस के साथ यह आंख-मिचौली का खेल आखिर कब तक चलता?

मवलेश को पुलिस से बचने की सबसे महफूज जगह पहाड़ ही लगी और आखिरकार जिस पहाड़ में उसने जन्म लिया था, आज वही पहाड़ उसके गुनाहों पर पर्दा डालने के लिए सर्वाधिक उपयुक्त व सुरक्षित स्थल बन गया।

लगभग एक दशक तक प्रोपर्टी डीलर के नाम पर जमीनों की अवैध खरीद-फरोख्त के काले धंधे में मवलेश प्रसाद मालामाल बन बैठा। शोलापुर शहर में उसके गुनाह इतने बढ़ गए थे कि अब उसका वहाँ रह पाना मुमकिन न था। आखिर कानून से कब तक बच पाता वह। पहाड़ी राज्य पांडुला के सीधे-सादे लोग अपने बुनियादी हक-हकूकों की लड़ाई लड़कर अपनी वर्षों की उपेक्षा की कीमत वसूलना चाहते थे।

शासन की जन कल्याणकारी योजनाएं आम लोगों तक नहीं

पहुंच पा रही थीं। लोगों की पेयजल, चिकित्सा, शिक्षा, स्वास्थ्य एवं बिजली जैसी मूलभूत समस्याएं जस की तस स्थिति में थी। कुछ दुर्गम पहाड़ी पर बसे गांवों में तो विकास पहले पायदान पर भी न पहुंच पाया था। सड़क, यातायात व परिवहन के कोई भी माध्यम वहाँ पर न थे। पांडुला प्रदेश के बड़ेथी गांव का मवलेश जब घर लौटा, तो गांव के लोग उसकी चकाचौंध को देखकर ठगे से रह गए। हर किसी को लगता, काश! वह भी शोलापुर भाग जाता, तो आज उसी की तरह चमचमाती हुई लग्जरी कार में कुण्ड तक आता। कुण्ड सड़क यातायात का यहाँ का अंतिम पड़ाव है, जहाँ से पांच मील की खड़ी चढ़ाई चढ़कर बड़ेथी तक पैदल जाना पड़ता है। सारा गांव आज पांच मील पैदल चलकर कुण्ड में केवल मवलेश की कार देखने आया था।

चन्द्रू चाचा बताते कि हाईस्कूल में पहली दफा बुरी तरह फेल होने के बाद मवलेश एक सुबह अचानक गांव से गायब हो गया था। उसकी विधवा माँ को उन्होंने दिलासा दिया था कि वह भाग गया, अच्छा ही हुआ। कहीं बड़े शहर के होटल में बर्तन भी मांजेगा तो कम से कम अपना पेट तो भरेगा। यहाँ घर में क्या खायेगा वह? यहाँ तो दो जून की रोटी के भी लाले पड़े हुए हैं।

परार के साल उसकी विधवा बीमार माँ भी दमे के रोग से हारकर स्वर्ग सिधार गई। मवलेश ऐसा कुपुत्र निकला कि माँ को कंधा देने भी नहीं आया। इतना बड़ा लाट-साब तो वह था नहीं कि चिट्ठी या फोन करके उसको घर बुला लेते। माँ का क्रिया कर्म भी मगनू दा ने आनन-फानन में किया था।

उस दिन मगनू दा ने कहा था, 'भगवान ऐसी मौत भी किसी को न दे।' वह सोच रहा था कि मवलेश के बाप के किये की सजा आखिर उसकी माँ को क्यों मिली? उसका बाप नम्बर एक का धूर्त जो था। गांव के सीधे-साधे लोगों के बीच वह आतंक का

पर्याय बन चुका था। शराब पी पीकर उसका कलेजा सड़ गया। बीमारी में भी उसकी शराब की लत नहीं गई थी। एक सायं जाखधार से नीचे खाई में गिर गया। चील-कौवे उसके शव को कई दिनों तक नोंचते रहे। लोग चाहकर भी शव को उस खाई से नहीं निकाल पाये थे।

इस एक दशक में ही गांव का माहौल पूरी तरह बदल चुका था। मवलेश ने आते ही लोगों का दिल जीतने की कोशिश शुरू कर दी। वह युवाओं के साथ बैठ-बैठकर शोलापुर के झूठे-सच्चे किस्से सुनाता व कहता, 'वहाँ तो मेरी बड़ी-बड़ी फैक्ट्रियां हैं, बड़ी-बड़ी आलीशान कोठियां हैं, यहाँ गांव तो वह वापिस इसलिए लौटा है कि वह अपने बाप के पापों का प्रायश्चित जन सेवा के रूप में करना चाहता है।'

वह बड़े गर्व से सीना तानकर कहता कि, 'उसने अपने जीवन का एक मात्र लक्ष्य पहाड़ और पहाड़वासियों की सेवा करना बना दिया है, जिसके लिए वह अपनी जान भी कुर्बान कर सकता है।' गांव व क्षेत्र के बेचारे भोले-भाले लोग उसके बहकावे में आ गये।

उसने युवाओं को तरह-तरह के सब्जबाग दिखाने शुरू कर दिये और उनका व उनके परिवार का विश्वास जीतकर, इसी का फायदा उठाने की नीयत से प्रदेश के विधानसभा चुनाव में वह सात-जामणीधार विधानसभा क्षेत्र से विधायक चुनाव के लिए उठ गया। उसने सियासी दलों के बड़े नेताओं की गणेश-परिक्रमा शुरू कर दी और उनको मोटा चढ़ावा चढ़ाकर वह एक राजनीतिक दल से टिकट लेने में कामयाब भी हो गया।

उसने गांव के हर युवा को रोजगार देने का वायदा किया। यही नहीं, बेरोजगार युवाओं को शराब के अंतहीन नशे की ओर धकेल कर, उसने उनका भविष्य भी अंधकारमय बना दिया। आये दिन

गांव में व उसके इर्द-गिर्द के इलाकों में बकरे कटने लगे, मुर्गों की तो जैसे शामत ही आ गई।

गांव की चौपालों में जहाँ कभी बुजुर्गों की पंचायत बैठ कर गांव के विकास व प्रगति की रूप-रेखा तैयार करती थी, उन चौपालों पर शराबियों का कब्जा हो गया। पारम्परिक थड़िया चौफलों के मीठे बोल व धार्मिक अनुष्ठानों की पवित्र वाणी की जगह शराबियों की जमघट व हुड़दंग ने ले ली। गांव के खेत-खलिहानों व राहों पर बहू-बेटियों का चलना-फिरना अत्यन्त दूभर हो गया। गांव के ही युवा शराब के नशे में चूर होकर गांव की अपनी बहिन, भाभी, घसेरियों पर अश्लील फब्तियां कसते थे। पूरा गांव दशहत में था।

पूरे इलाके में शराबखोरों की दिन प्रतिदिन बढ़ती उच्छृंखल हरकतों से तंग आकर सूखसारी के दिगपाल व परखोला के कुन्दन दादा तथा सिलंगैर के बैशाखू लाल ने मिलकर गांव व क्षेत्र में युवाओं के इस तरह के आचरण के लिए मवलेश प्रसाद को दोषी ठहराते हुए पंचायत में उसकी गांव से बेदखली की बात तो चलाई थी, लेकिन मवलेश ने उसी रात उनके घरों में जाकर उन्हें धमका दिया कि ज्यादा होशियार बनने की कोशिश की, तो गला रेत कर चौबट्टा के पीपल के पेड़ पर उल्टा टंगवा देगा। उसके बाद मवलेश के खौफ के आगे गांव के बुजुर्ग लोगों ने अपनी जुबान बंद रखने में ही समझदारी समझी।

विधानसभा चुनावों में भी मवलेश का जादू युवाओं के सिर चढ़ कर बोल रहा था। उसने पैसा और शराब पानी की तरह बहाकर लोकतंत्र की आत्मा को भी छिन्न-भिन्न कर दिया। आखिरकार शराब और रुपया नैतिक मूल्यों व ईमानदार प्रत्याशियों पर भारी पड़ गया और बड़ेथी का चकड़ैत मवलेश प्रसाद चुनाव जीतकर विधायक बन गया।

मवलेश की जीत को नैतिकता, सामाजिक शुचिता, उच्च मानवीय मूल्यों की पराजय के रूप में सामाजिक व राजनीतिक पर्यवेक्षक देख रहे थे। शोलापुर पुलिस के लिए आज भी मोस्ट वान्टेड मवलेश प्रसाद अपराध, अय्याशी व दलाली की दुनिया से एकाएक लोगों का भाग्य विधाता बन बैठा।

चुनाव जीतने से पहले व बाद में भी वह लोगों को लगातार छलता रहा। उसने गांव के लोगों की कमेटी बना कर उसमें लोगों का धन यह कहकर जमा करवा दिया कि पांच साल बाद दुगुने रुपये मिलेगें। लोगों ने खून पसीने की गाढ़ी कमाई को उसकी कमेटी में डाल दिया।

पूरे इलाके में बराबर प्रचारित किया जाता रहा कि वह तो गरीबों का मसीहा है। पांच साल बाद एक दिन अचानक शोलापुर पुलिस मवलेश को उठा कर ले गई। उसके अपराधों, दलाली एवं काले कारनामों को सुनकर लोग दंग रह गये।

कानून ने तो हत्या व अन्य जघन्य अपराधों में वांछित मवलेश को जेल की सलाखों के पीछे डालकर अपने कर्तव्यों की इतिश्री कर ली, लेकिन पिछले पांच वर्षों में जामणीधार विधानसभा क्षेत्र के लोगों ने मवलेश का साथ देकर जो कीमत चुकाई, क्या उसकी कभी भरपाई हो पायेगी? क्या उन युवाओं की अमूल्य जवानी फिर लौट पायेगी, जो मवलेश जैसे अपराधी व मक्कार जनप्रतिनिधि के छलावे में आकर अपना सब कुछ खो चुके थे?

मवलेश की गिरफ्तारी के बाद लोग अच्छी तरह समझ गये थे कि पहाड़ संघर्ष के साथी, साक्षी और प्रेरणास्रोत तो हो सकते हैं, परन्तु पहाड़ किसी के गुनाहों पर पर्दा नहीं डाल सकते। सदियों से चली आ रही यही इस पहाड़ की रीत है, जिस पर प्रत्येक पहाड़वासी को गर्व है।

भय

रेल का डिब्बा यात्रियों से खचाखच भरा था। कुछ यात्री भोजन करने के बाद सोने की तैयारी में थे, तो कुछ आपस में बतिया रहे थे। इतने में रेल में बहुतायत से होने वाली डकैतियों पर ही चर्चा चल पड़ी। एक साहब बोले 'क्या नायाब तरीका अपनाया है इन लुटेरों ने! यात्रियों के बीच में आराम से घुल-मिल जाते हैं ये डकैत, जिससे किसी को शक न हो। सुनसान जगह देखते ही लूटमार करके, चेन खींचकर, ट्रेन रुकवा, वीरान जंगलों में गायब हो जाते हैं।'

इतने में दूसरा यात्री बोला 'भगवान के लिए ऐसा मत कहिए, हो सकता है कि हमारे बीच ही कोई डकैत शरीफ यात्री के रूप में बैठा ट्रेन के जंगल से गुजरने की प्रतीक्षा कर रहा हो?'

ट्रेन काफी लम्बे रास्ते तक बीहड़ जंगलों के बीच से गुजर रही थी। बिल्कुल सुनसान वातावरण में खामोश यात्रियों में से तीसरे यात्री ने शेखी झाड़ते हुए कहा 'शुभ-शुभ बोलिए। डराइये मत यात्रियों को, वैसे भी रात काफी हो चुकी है।'

एक महिला यात्री, जो अकेले ही लखनऊ से देहरादून जा रही थी, भयभीत मुद्रा में बोली 'वैसे तो ट्रेन में जी.आर.पी. के जवान मौजूद रहते हैं, पर मैंने आज तक तो देखे नहीं। जब लूट हो जाती

है, तब जरूर दिखाई देते होंगे।' महिला यात्री को भयभीत देख अगल-बगल के यात्रियों ने उसे ढाढ़स बंधाया।

इधर-उधर की चर्चाओं के बाद सभी यात्री अपने-अपने स्लीपर पर सोने की तैयारी करने लगे। अभी यात्री सोये ही थे कि रेल झटके के साथ रुक गई। रेल के इस तरह अचानक रूकने से यात्रियों में हलचल हुई। खिड़की से झांककर बाहर देखा, तो घुप्प अंधेरा था। सभी के मन में कुछ अनहोनी की आशंका कौंधने लगी। इतने में बाहर कुछ लोगों की पदचाप सुनाई पड़ी।

एक बुजुर्ग यात्री चिल्लाये, 'अरे दोनों तरफ से दरवाजे ढंग से बंद कर दो। देखों कोई अंदर न आने पाये।' एक युवा यात्री ने फुर्ती से जाकर दोनों तरफ के दरवाजों को अन्दर से बंद कर दिया।

दरवाजा खटखटाने की आवाज सुनते ही डिब्बे के अंदर बैठे लोगों को मानों सांप सूंघ गया हो। सभी लोग अपनी-अपनी सीटों पर बैठे अपने दिल की धड़कनों पर काबू पाने का प्रयास कर रहे थे। इतनी बड़ी मुसीबत सिर पर मंडरा रही है, इससे कैसे पीछा छुड़ाया जाए? वो तो अच्छा हुआ, डकैत उनके डिब्बे के अंदर नहीं, बाहर हैं, वरना क्या होता...यह सोच-सोच कर सभी की जान निकली जा रही थी।

ऐसे में ही कुछ लोग हनुमान चालीसा का जाप करके समय गुजार रहे थे। पूरी रात गुपचुप बैठे यात्रियों को अब कुछ साहस जुटने लगा था, क्योंकि अब धीरे-धीरे सुबह होने लगी थी। कालिमा को चीरते हुए अरुणिम छटा बिखरने लगी थी।

एक साहसी यात्री ने खिड़की खोल कर बाहर देखने का प्रयास किया, तो दो-तीन लोग एक साथ चिल्ला उठे।

'अरे मरवाओगे क्या! इतनी भी क्या जल्दी है?, दिन तो निकलने दीजिए।' कुछ ही देर में बगल वाले डिब्बे से यात्रियों की आवाजें सुनाई देने लगी, तो एक ने कहा कि बगल वाले डिब्बे से

तो आराम से हंसने-बोलने की आवाज आ रही है।

सभी की सहमति से खिड़की का दरवाजा खोला गया, तो देखा कि कुछ यात्री आराम से बाहर चहल कदमी कर रहे हैं। पूरी तरह आश्वस्त होकर दरवाजा खोला गया और फिर दो-चार यात्री उत्सुकतावश नीचे उतर आये। गाड़ी कहीं जंगल में खड़ी थी।

एक यात्री ने दूसरे से पूछा, 'आखिर हुआ क्या है?'

'कुछ नहीं, ट्रेन का इंजन अचानक फेल हो गया था। पूरी रात ट्रेन यहीं खड़ी रही। अभी तक पास के स्टेशन से दूसरा इंजन नहीं आ पाया। रेलवे विभाग भी अभी तक गहरी नींद सो रहा है।' दूसरे डिब्बे के कुछ यात्री बोले, 'हमने तो रात में यही बताने के लिए आपके डिब्बे का दरवाजा भी खटखटाया था, लेकिन आप सब लोग शायद सो रहे थे।'

'अरे भाई साहब! सो कहाँ रहे थे? हम सब तो डर गये थे। पूरे डिब्बे के लोगों ने सारी रात यूँ ही जागरण करते गुजार दी। डकैती का अहसास होते ही मारे डर के सब की जान निकली जा रही थी। हमने कहा भी कि देख तो लें, किन्तु डिब्बे के लोग। तो खाने को दौड़ते थे कि मरवाओगे सबको? यहाँ तो हर रोज ट्रेन जो लुटती हैं।'

कहते-कहते यात्री जब अपने डिब्बे में आये और उन्होंने रेलगाड़ी के रुकने का कारण बताया, तो दिल थामकर बैठे लोगों की सांस में सांस आयी। लम्बी सांसें लेकर लोगों ने एक-दूसरे को गले मिलकर भगवान का धन्यवाद किया और सब धीरे-धीरे सामान्य होकर बातें करते-करते अपनी अपनी मंजिल की ओर बढ चले। आखिर पांच घण्टे विलम्ब से ही सही, दूसरा इंजन जो आ पहुँचा था उन्हें उनकी मंजिल तक छोड़ने...!

प्रतीक्षा

सी.बी.आर.आई. का अतिथि गृह। उन्हें एक कमरा ऊपर व एक नीचे मिला था। नीचे ड्राइवर व उसके साथ दो अन्य लोग। केशव ऊपरी मंजिल के कमरे में चले गए। पिछली बार की अपेक्षा अतिथि गृह की सजावट में काफी अन्तर दिखाई दिया था। रात दस बजे के करीब अचानक बिजली गुल हो गई।

बिजली जाते ही एक खनकदार आवाज कानों में गूंजी 'आशाराम! जनरेटर चलाओ जल्दी। बिजली जाने के कारण किसी को परेशानी नहीं होनी चाहिए।' केशव इस निर्जन इलाके में बने अतिथि गृह में किसी महिला का स्वर सुनकर चौंक पड़ा। कक्ष सेवक ने केशव के चेहरे के भाव पढ़ लिए थे, बोला 'सर' ये गुंजन मैडम हैं। कुछ महीने पहले ही इस अतिथि गृह में संरक्षिका के रूप में तैनात हुई है।' संरक्षिका और वह भी लड़की?

केशव ने कक्ष-सेवक सुखवीर से कहा 'तुम जाओ, आशाराम को जनरेटर चलाने को कहो और अपनी गुंजन मैडम से कहो कि वे जाकर आराम करें, ज्यादा परेशान न हो।'

'अरे सर! आप क्यों चिंता करते हो। गुंजन मैडम बहुत साहसी और कर्मठ हैं। उन्हें बुरा लगेगा अगर कमजोर समझ मैं उनकी मदद करने जाऊँगा। उन जैसी बोल्ड महिला मैंने जीवन में पहली

बार देखी है सर।' सुखवीर अपनी गुंजन मैडम की तारीफों के कशीदे काढ़ने लगा। बिजली आने के तुरन्त बाद वह रसोइये के साथ-साथ चाय लेकर कमरे में पहुँच गई।

सुन्दर देहयष्टि, आकर्षक नयन नक्श। उसकी बड़ी-बड़ी दिलकश आंखों में भरपूर आत्मविश्वास झलक रहा था। उसके अभिवादन करने के सलीके में भी चुम्बकीय खिंचाव था। उसके कमरा खोलते ही ऐसा लगा, जैसे शीतल मंद हवा के झोंके निर्जन कमरे की खिड़कियों व वस्तुओं में नया जीवन संचार कर गये हों।

वह चाय के साथ समोसे भी ले आई थी।

'भाई, मैं तो खाऊंगा नहीं, सर्दी जुकाम से पीड़ित हूँ।' केशव के स्वर छूटते ही वह तपाक से बोल पड़ी, 'आप चाय समोसे तो ले लें, दवाई भी मिल जायेगी।' उसकी आत्मीयता के सामने केशव की झूठी ऐंठ बौनी पड़ गई।

'सर, रात्रि के भोजन में आप क्या लेंगे?' गुंजन ने पूछा।

'तुम इतना कुछ खिला चुकी हो कि अब खाने की इच्छा है ही नहीं।' केशव ने चाय का कप मेज पर रखते हुए कहा।

'नहीं सर, ऐसा कैसे हो सकता है? मेरी नियुक्ति के बाद आप पहली बार यहाँ आये हैं! आप भोजन नहीं करेंगे, तो ये मेरे साथ नाइंसाफी होगी, सर। चिंता मत कीजिए, बिल्कुल घर जैसा खाना ही मिलेगा।' इतना कहकर गुंजन भोजन व्यवस्था में जुट गई।

'बहुत आत्मविश्वासी व निडर लड़की है यह।' उम्र में गुंजन के पिता के समतुल्य कक्ष सेवक सुखवीर ने कहा। सुखवीर जैसे ही मेज में पड़े कप और प्लेट उठाने लगा, तो केशव ने उससे उत्सुकता से पूछा, 'सुखवीर जी, आपकी मैडम में इतना सेवा व समर्पण का भाव कहाँ से आ गया?'

'सर! कई वर्षो से अकेली रह रही हैं। यहाँ तो इनकी नियुक्ति अभी छः महीने पहले ही हुई है। अपनें पिता की एक मात्र संतान

हैं। माँ का बचपन में ही साया उठ गया, तो पिता ने ही माँ-बाप दोनों का प्यार दिया। जब से वह इस अतिथि गृह की संरक्षिका बन कर आई, सारे अतिथिगृह का नक्शा ही बदल गया। अभी तो आपने कमरा ही देखा है, सुबह उठकर बाहर का दृश्य देखियेगा, चारों तरफ हरियाली ही हरियाली नजर आयेगी। सच कहूँ तो इस अतिथि गृह के हर कोने में उनकी उपस्थिति महसूस होती है। उनका व्यवहार भी इतना मृदुल है कि कोई भी सेवक उनके किसी काम के लिए मना नहीं करता। जितनी मदद वह हम सब की करती हैं, ईश्वर उतनी ही मदद उनकी भी करे।' ये शब्द कहकर सुखवीर चाय के बर्तन लेकर बाहर चला गया।

सुखवीर ने गुंजन के बारे में थोड़ा बहुत बता कर केशव की उत्सुकता और अधिक बढ़ा दी थी। केशव ने घंटी बजाई। सुखवीर पुनः कमरे में दाखिल हो गया।

'एक विल्स सिगरेट की डिबिया ले आना।' कुछ ही देर बाद सुखवीर सिगरेट लेकर आ गया। इस बहाने केशव ने सुखवीर से गुंजन के बारे में बहुत कुछ पूछ डाला। पता चला कि गुंजन ने पढ़ लिखकर अपने आप नौकरी ढूंढी और तब से वह अकेली रह रही है। पिता उसके विवाह के लिए परेशान रहते हैं, दो तीन जगह बात चली, लेकिन कहीं उसने खुद मना कर दिया और कहीं लड़के वालों ने।

'गुंजन ने रिश्ते के लिए मना क्यों किया?' केशव ने उत्सुकता दिखाते हुये सुखवीर से पूछा।

'दरअसल मैडम को उस लड़के के शराबी होने का पता चल गया था। यद्यपि लड़का अच्छी नौकरी पर था, फिर भी लड़के के बारे में ऐसा पता चलते ही मैडम ने इस रिश्ते से इंकार कर दिया।

'फिर' पूछा केशव ने।

'पिछली बार एक और लड़का गुंजन मैडम को पसंद कर गया

था, किन्तु दोनों जब आपस में मिले तो बात बिगड़ गई। गुंजन ने उस रिश्ते के लिये भी साफ तौर पर मना कर दिया।'

इतनी देर में गुंजन भी कमरे में चली आई। 'खाना तैयार है, यहीं भिजवा दूं या भोजन कक्ष में चलेंगे?'

'नहीं-नहीं यहां नहीं! भोजन कक्ष में ही चलेंगे।' केशव ने कहा। दरअसल केशव गुंजन के सुरूचिपूर्ण व्यक्तित्व की छाप वहां भी देखना चाहता था।

सीढ़ियों से उतरते हुए केशव ने गुंजन से पूछने का साहस कर ही लिया 'गुंजन कब तक अकेली रहने का इरादा है, विवाह नहीं करना चाहती क्या?'

उसने बड़ी चपलता से यह विषय ही बदल दिया, लेकिन खाना खाने के बाद गुंजन से बतियाते हुए केशव बोला 'खाना अच्छा बना था। लग रहा था, मानों घर पर ही खाना खा रहें हों।'

'आपने बताया था कि आपको खांसी है तो मैंने रसोईये को कह दिया था, ज्यादा तेल मसाले का प्रयोग न करना। आप अपने कमरे में आराम कीजिये, कोई परेशानी हो तो बुलवा लीजियेगा। मैं भी इसी परिसर के स्टाफ क्वार्टर गें रहती हूँ।' वह पूरे आत्म विश्वास के साथ बोली।

केशव ने गुंजन को दोबारा टटोलना चाहा। 'गुंजन कैसे लड़के से विवाह करना चाहती हो? शायद तुम्हारी पसंद का लड़का ढूंढ़ने में मैं तुम्हारी कुछ मदद कर सकूं।'

वह तपाक से बोली 'सर! रिश्ते तो भगवान के घर में ही तय हो जाते हैं, किन्तु आखिर पूरी जिंदगी का सवाल है, तो हम अपनी ओर से सही प्रयास क्यों न करें? जिसे हम जीवनसाथी बनाने जा रहे हैं, उसकी बुरी आदतों का पता यदि समय रहते चल जाता है, तो आंखों देखी मक्खी क्यों निगली जाए? मैं चाहती हूँ कि मेरा जीवन साथी मेरी इच्छाओं का मान रखे, मेरी भावनाओं की कद्र

करे, मेरे कार्य का सम्मान करे, मुझे बराबरी का दर्जा देते हुये सदैव आगे बढ़ने की प्रेरणा देकर प्रोत्साहित करता रहे और सबसे महत्वपूर्ण वह बुरी आदतों का शिकार न हो, बस यही चाहती हूँ मैं।'

गुंजन ने एक ही झटके में दृढ़ता व आत्म विश्वास के साथ केशव के सवालों का जबाव दिया और धीरे-धीरे कमरे से बाहर निकल गई।

उसके जाते ही केशव सोचने लगा कि उसकी शक्ल को किसी और में देखने अथवा उसे अपना बनाने में उसे न जाने कितनी बहारों का और इंतजार करना पड़ेगा, किन्तु इतनी लम्बी प्रतीक्षा के उपरान्त भी क्या वह उसे अपने प्यार, आकर्षण और अपनत्वपन का अहसास दिला पाने में सफल हो पायेगा?

कीमत

'अरे कोई इसको रुलाने की कोशिश तो करो। देखो तो! कैसी पत्थर हो गई है। ऐसे में तो ये पागल ही हो जायेगी। अगर इसी को कुछ हो गया तो इसके बच्चों का क्या होगा?' विमला काकी ये कहते हुए कमली के बगल में बैठ गई। फिर उसे झकझोरते हुए कहने लगी, 'अरे सुन्दर चला गया, लौट कर नहीं आयेगा, इन बच्चों की तरफ देख! कौन है इनका तेरे सिवा?' लेकिन कमली थी कि जैसे उसने कुछ सुना ही नहीं। यूं ही निढाल होकर शून्य में ताकती हुई बैठी रही।

'ऐसे नहीं रोयेगी ये!' श्यामा काकी ने उठकर उसके सिर पर मारते हुए कहा 'अरे ये सिन्दूर मिटा अपने माथे से! कोई इसकी चूड़ियां तो निकाल दो, ये नाक में क्यों अभी तक पहना हुआ है?'

श्यामा काकी जानबूझ कर अपने स्वर को कर्कश बनाये हुए थी, ताकि कमली की पथरायी आंखों में दो बूंद आंसू ला सके। वरना तो सभी का मन कमली की हालत देखकर दुःखी हो रहा था। अभी उम्र ही क्या थी उसकी, मुश्किल से पच्चीस छब्बीस बरस।

लगभग छः वर्ष पूर्व सुन्दर की दुल्हन बनकर इस गांव में आई थी। दमकता हुआ चेहरा और उस पर सौम्य मुस्कान। गांव में आते

ही कमली ने सबका मन मोह लिया था। सुन्दर के माता-पिता की पूर्व में ही मृत्यु हो चुकी थी और एक बहन थी जो पास के गांव में ही ब्याही थी। सुन्दर मेरठ के पास ही किसी फैक्ट्री में काम करता था। ज्यादा पढ़ा-लिखा तो था नहीं, बस गुजारे लायक कमा लेता था। विवाह के लिए मुश्किल से दस दिन का अवकाश स्वीकृत हुआ था। कमली के हाथों की मेंहदी का रंग भी नहीं छूटा था कि सुन्दर को नौकरी पर वापिस जाना पड़ा।

'जल्दी ही कमरे की व्यवस्था कर तुझे अपने साथ ले जाऊँगा।' रोती हुई कमली से इतना ही कह पाया था सुन्दर। दो महीने बाद आकर कमली को शहर ले गया, परन्तु गांव के खुले वातावरण में सांस लेने वाली कमली को शहर का एक छोटा सा घुटनभरा कमरा रास नहीं आया और फिर सुन्दर की कमाई भी इतनी नहीं थी कि गुजारा ठीक से चल पाता।

'यहाँ रहकर खर्चा तो चल नहीं पाता, ऐसी जिन्दगी जीने से अच्छा तो यह है कि अपने गांव में रहें। दो-चार खेत भी हैं ही और एक-दो गाय भी पाल लूंगी। अपने लोगों के बीच में रहूँगी, तो तुम्हें चिन्ता भी नहीं होगी।' सुन्दर को समझा कर तीन-चार महीने बाद ही कमली गांव वापिस लौट आई थी।

सब कुछ ठीक-ठाक ही चल रहा था। दो एक महीने में सुन्दर भी गांव का चक्कर लगा लेता। कमली ने सुन्दर के वीरान पड़े घर को संवार दिया था। सुन्दर की माँ की मृत्यु के पश्चात् तो घर, घर जैसा लगता ही नहीं था। दोनों ही खुश थे। देखते ही देखते छः वर्ष बीत गये। कमली व सुन्दर अब दो बच्चों के माता-पिता थे। बड़ा बेटा पांच वर्ष का हो चुका था व बेटी तीन वर्ष की। अब सुन्दर एक बार फिर कमली को शहर चलने के लिए मनाने की कोशिश कर रहा था।

'देख कमली, मैं तो ढंग से पढ़-लिख नहीं पाया, लेकिन

बच्चों को मैं ढंग से पढ़ाना-लिखाना चाहता हूँ। बच्चों के भविष्य की खातिर अब हम शहर में ही रहेंगे। इतने सालों में कुछ पैसा बचा भी लिया है, जिससे हम बच्चों को भी ढ़ंग से रख पायेंगे।' अगली बार सबको शहर ले जाने का वादा कर सुन्दर चला गया।

कमली का मन शहर जाने का नहीं था, लेकिन बच्चों के सुनहरे भविष्य के सपने संजोये वह जाने की तैयारी करने लगी। लेकिन किस्मत को कुछ और ही मंजूर था। सुन्दर उसके बाद कभी घर नहीं आया। खबर आई कि एक सड़क दुर्घटना में उसकी मृत्यु हो गई। जब तक गांव से उसके रिश्तेदार शहर पहुँचते, उसका अन्तिम संस्कार भी किया जा चुका था।

कमली उसके आखिरी दर्शन भी नहीं कर पाई। जब उसे सूचना दी गई तो उसके मुँह से इतना ही निकला, 'कैसी बातें कर रहे हैं आप लोग? वे तो अगले महीने हम सब को यहां से ले जाने आने वाले हैं।'

'नहीं बेटी! अब वह कभी नहीं आयेगा।' दीनू काका ने उसके सिर पर हाथ रखते हुए कहा।

लेकिन कमली ने तो जैसे कुछ सुना ही नहीं। तब से यूँ ही पत्थर बनी बैठी थी। न आंखों से आंसू निकलते थे, न मुँह से बोल फूटते थे।

श्यामा काकी के कहने पर दो तीन महिलायें उठ कर कमली के पास गई और कोई उसकी चूड़ियां उतारने लगा, कोई उसकी बिन्दी व मांग का सिंदूर पोंछने लगा। न जाने कौन सी यादें थी उन चूड़ियों में कि उनके उतरते ही कमली दहाड़ मार कर रो पड़ी।

कुछ दिन शोक मनाने व सुन्दर के क्रिया कर्म में ही बीत गये। अब कमली के सामने यक्ष-प्रश्न था, बच्चों का भविष्य और उनका लालन-पालन। शहर जाने की तैयारी में उसने अपनी गायें भी बेच दी थी। उनसे जो कुछ पैसा मिला वह सुन्दर के क्रिया कर्म

में खर्च हो चुका था।

शायद सुन्दर के फण्ड का कुछ पैसा होगा, ये सोचकर दीनू काका के साथ मेरठ जाकर फैक्ट्री मालिक से मिली। वहाँ जब वे सुन्दर के एक मित्र से मिले, तो दबी जुबान में उसने बताया कि सुन्दर की मृत्यु फैक्ट्री में घटी दुर्घटना में हुई थी। मालिक ने अपनी लापरवाही छुपाने के लिए पुलिसवालों को ले-देकर इसे फैक्ट्री के बाहर दुर्घटना का झूठा केस बनवा दिया था।

अगले दिन दीनू काका कमली को साथ लेकर मालिक से मिलने गये। कमली तो जैसे भव्य कार्यालय को देखकर गूंगी ही हो गई थी। दीनू काका ने ही फैक्ट्री मालिक से विनती की कि कमली की उम्र व उसके दोनों छोटे बच्चों की जिम्मेदारी को ध्यान में रखते हुए उसे उसके पति की फैक्ट्री में हुई मृत्यु का उचित मुआवजा दे दिया जाये।

यह सुनते ही फैक्ट्री मालिक ने मानों जलता तवा छू लिया हो 'किसने कहा आप से कि उसकी मौत फैक्ट्री में हुई है? पता नहीं शराब पीकर कहाँ दुर्घटना का शिकार हुआ और आप हम पर दोष मढ़ रहे हैं। उसका जो पैसा जमा है, बाहर मुंशी से मिलकर उसे ले जाइये। ज्यादा इधर-उधर की बातें करेंगे, तो उस पैसे से भी हाथ धोना पड़ सकता है।'

दीनू काका और कमली तो उसके रौद्र रूप को देखकर सहम से गये और चुपचाप कमरे से बाहर निकल आये। पीछे से मालिक के बड़बड़ाने की आवाज आ रही थी 'न जाने कहाँ-कहाँ से चले आते हैं, मानों मैंने कोई धर्मशाला खोल रखी हो।'

उधर दीनू काका सोच रहे थे कि कितना अमीर आदमी है, परन्तु कितने छोटे दिल का हैं! अगर कमली के ऊपर टूटी विपत्ति को देखकर उसकी मद्द कर भी देता, तो कौन सी कमी हो जाती इसे? लेकिन ये बड़े लोग जितने बड़े होते हैं, उतना ही इनका दिल

छोटा होता है।

विक्षुब्ध मन लिये शहर से लौटकर कमली अपने गम को कम करने के लिए अधिकतर समय बच्चों के बीच व्यतीत करने लगी। पति के जमा फण्ड के जो भी पैसे मिले थे, वे भी धीरे-धीरे खत्म होने लगे। दो-चार खेतों से क्या होता? किसी ने सुझाया 'सरकार विधवाओं के लिए पेंशन देती है। क्यों न कमली के लिए भी बात की जाये?'

पास ही के गांव में इस क्षेत्र के प्रधान का घर था। प्रधान अभी युवा ही था। पिछले वर्ष ही चुनाव जीत कर प्रधान बना था। दीनू काका उसके पास गये और कमली की विधवा पेंशन स्वीकृत करवाने हेतु विनती की। 'बेटा बहुत छोटी है वह अभी, दो छोटे-छोटे बच्चों की जिम्मेदारी है उस पर, उसका यह काम करवा दोगे, तो बड़ी कृपा होगी तुम्हारी उस पर और हम सभी पर।'

'अरे नहीं चाचा जी! कैसी बातें कर रहे हैं आप? कल उन्हें मेरे पास भेज दीजिएगा। मैं जरूरी प्रार्थना पत्र लिखवा दूँगा।' प्रधान बोला।

अगले दिन दीनू काका कमली को लेकर प्रधान के पास पहुँच गये। ग्राम प्रधान ने तिरछी नजरों से कमली को देखा, तो देखते ही रह गया। न जाने क्या था उसकी नजरों में कि कमली सहम गई। प्रार्थना पत्र पर हस्ताक्षर करवाने के बहाने जब उसने कमली का हाथ छूने की नाकाम कोशिश की, तो कमली का मन वितृष्णा से भर उठा था।

इसी बीच प्रधान ने किसी-न-किसी बहाने से कई बार कमली से मिलने का प्रयास किया। कमली भी बच्चों के भविष्य को ध्यान में रखकर चुप रही।

'बस आप का काम होने ही वाला है, केवल एक रसीद पर आप के हस्ताक्षर चाहिए।' एक दिन उसी बहाने ग्राम प्रधान घर पर

पहुँच गया। कमली उस समय घर पर अकेली थी।

'कोई और काम होगा, तो सेवा का मौका दीजिएगा। मुझे आपसे पूरी हमदर्दी है।' कहते हुए उसने अपना हाथ कमली के सिर पर रख दिया, जो धीरे-धीरे फिसल कर कमली के पीठ पर जा टिका।

कमली इस वक्त लाचार थी। किस्मत की मारी अवश्य थी, लेकिन बेवकूफ नहीं थी। उसके कुत्सित स्पर्श को समझ गई। झटके से अलग हो कमरे से बाहर निकल आई और चाची को पुकारने लगी।

प्रधान तिलमिलाता हुआ कमरे से बाहर निकल गया और एक बरस बाद भी आज तक कमली की पेंशन स्वीकृत नहीं हो पाई।

कमली जहाँ से चली थी, फिर वहीं खड़ी थी। क्या करे, खर्चे की परेशानी बढ़ने लगी थी। जिन बच्चों के लिए जी रही थी, उन्हीं के लिए कॉपी, किताबें स्कूल की फीस तक नहीं जुटा पा रही थी कमली।

इसी बीच उसे पता चला कि पास के गांव में एक सामाजिक संस्था काम कर रही है, जो कि उसकी तरह की गरीब विधवा महिलाओं को बैंक से अपना काम करने हेतु ऋण दिलवा सकती है। कमली ने सोचा, क्यों न वह भी एक-दो भैंसें खरीदने के लिए ऋण ले ले। थोड़ी बहुत आमदनी भी हो जायेगी और बैंक की किश्त भी निकल आयेगी। साथ ही पूर्व में भी उसे इस काम का अच्छा अनुभव था।

एक बार फिर दीनू काका को साथ लेकर वह उस संस्था के प्रमुख से मिलने गई। वह कमली का ही हम उम्र युवा था। उसकी बातों से ऐसा लग रहा था मानों उसके अन्दर कुछ कर गुजरने का जज्बा हो। लगता था मानों पहाड़ से गरीबी और बेरोजगारी मिटा देने का संकल्प किया हो उसने। स्वावलम्बन विषयक उसकी प्रभावपूर्ण

व धाराप्रवाह बातों से बहुत दिनों बाद कमली के मन को कुछ सुकून मिला था। किसी सरकारी योजना में ऋण स्वीकृत कराने की बात हुई थी, कुछ सरकारी अनुदान भी मिल जायेगा। ऐसा बताया था संस्था के प्रमुख ने।

कमली से कुछ कागजों पर हस्ताक्षर करवाये गये और एक दिन उसे बताया गया कि उसके ऋण संबन्धी दस्तावेज बैंक में पहुँच गये हैं। उसे कुछ औपचारिकतायें पूर्ण करनी हैं, उसके बाद ही उसे ऋण वितरित किया जायेगा।

एक दो-दिन बाद ही उस संस्था का प्रमुख कमली से मिलने घर आया और कहने लगा कि 'दरअसल एक परेशानी है, आपको कुछ करना पड़ेगा।'

उसका आशय भांपकर कमली का कलेजा मुँह को आ गया। उसे आज फिर उस ग्राम प्रधान की याद हो आई, जो विधवा पेंशन स्वीकृति के बदले में उससे कुछ चाहता था 'हे भगवान! अब यह मुझसे क्या चाहता है?, लगता तो नहीं था यह ऐसा?' उसने मन ही मन ही सोचा। फिर अपने आप को संभालते हुये साहस बटोरकर तुरंत पूछा 'जी, बताइये?'

'आपको तो पता ही होगा कि आपको इस ऋण के साथ-साथ पच्चीस हजार रुपये का सरकारी अनुदान भी प्राप्त होगा। अब कैसे कहूँ मैं आपसे कि सरकारी विभाग व बैंकवालों को उसमें से पांच हजार रुपये देने होंगे, तभी ऋण आसानी से मिल पायेगा। आपको तो मालूम ही है कि हम लोग भी बेरोजगार हैं, संस्था के साथ जुड़े हैं और किसी तरह अपना गुजारा कर रहे हैं। आज यदि मैं किसी लायक होता तो आपकी दयनीय स्थिति देखकर यह दुस्साहस कदापि न करता और सरकारी विभाग व बैंकवालों से अपने दम पर ही निपट लेता।' संस्था प्रमुख ने सिर झुका कर विवशता प्रकट करते हुए कहा।

'ओह! तो यह बात है।' उसने मन ही मन कुलदेवी का स्मरण कर उन्हें धन्यवाद दिया, वरना उस युवक की बात सुनकर वह तो पता नहीं, अब तक क्या-क्या सोच बैठी थी इस युवक के प्रति। आखिर जिस कीमत की उससे विधवा पेंशन के बदले में ग्राम प्रधान द्वारा उम्मीद की गई थी, उसके सामने तो यह कुछ भी नहीं।

'मैं तैयार हूँ।' कमली ने दृढ़तापूर्वक कहा।

प्रमुख ने एक लम्बी साँस ली, मानों उसके सिर से एक बड़ा बोझ उतर गया हो।

कहाँ हुई भूल?

अँधेरा घिर आया था। अपने कमरे में अकेले कुर्सी पर बैठे नारायण सिंह को अपनी दुनिया भी ऐसे ही अँधेरी नजर आ रही थी। उन्होंने चाहा कि उठ कर लाइट जला दें, लेकिन हिम्मत नहीं हुई, 'यह अँधेरा ही ठीक है अब मेरे लिए, उजाले में तो घर की हर वस्तु मुझे बीते हुए दिनों की याद ही दिलायेगी।' स्वयं से ही बोले थे नारायण सिंह।

इस अफरा-तफरी और दुःखद माहौल में, घर में भी शायद किसी को पता नहीं है कि इस सब से भाग कर वे इस समय कहाँ बैठे हैं? वरना घर का कोई सदस्य या नौकर आकर कमरे में रोशनी कर जाता। चलो, अच्छा ही हुआ। उजाले में दिखने वाले वर्तमान से उन्हें डर लगने लगा था। यही अँधेरा उन्हें वर्तमान से भूतकाल में ले गया।

पहाड़ पर स्थित एक छोटे से गाँव के निवासी हुकुम सिंह की छः सन्तानों में सबसे छोटे थे नारायण सिंह। घर की आर्थिक स्थिति बहुत अच्छी नहीं थी। थोड़ी सी खेती योग्य जमीन थी, जिससे इतने बड़े परिवार का गुजारा होना असम्भव था। पिता व बड़े भाई गांव के अन्य लोगों के खेतों में हल चलाकर व गाय बकरी पालकर घर की आमदनी बढ़ाने का प्रयास करते। गांव के पास ही एक

प्राथमिक विद्यालय था। दो बड़े भाई व बहन वहीं से पांचवीं की परीक्षा उत्तीर्ण करने के पश्चात् घर के काम में हाथ बँटाने लगे थे। पिता की न तो आगे पढ़ाने की हिम्मत थी, न ही उन्होंने आवश्यकता समझी। शेष दोनों भाई उसी पाठशाला में क्रमशः तीसरी व चौथी कक्षा में पढ़ रहे थे।

जब नारायण ने छः वर्ष की उम्र होने पर पहली कक्षा में प्रवेश लिया, तो वर्षों से चली आ रही फटी-पुरानी किताबें उसे विरासत में मिली थी। अन्य भाई-बहिनों की अपेक्षा नारायण का दिमाग तेज था। नारायण ने जब पहली कक्षा में प्रथम स्थान प्राप्त किया तो अचानक ही वह गुरुजनों की आँखों का तारा व गांव के अन्य धनी व सम्पन्न सहपाठियों के बीच ईर्ष्या का कारण बन गया। अपनी खिसियाहट उतारने के लिए वे नारायण की फटी-पुरानी किताबों व साधारण से कपड़ों का मजाक उड़ाया करते।

आरम्भ में तो नारायण ने इस पर अधिक ध्यान नहीं दिया व शान्त रहा, परन्तु जैसे-जैसे वह बड़ा होता गया, तथाकथित सम्पन्न व धनी लोगों के प्रति उसके मन में विद्रोह बढ़ता गया। ऐसे ही कुछ लोगों के प्यार व कुछ लोगों की ईर्ष्या के बीच समय बीतता रहा। नारायण अब चौथी कक्षा में पढ़ रहा था। जैसे-जैसे वह हर कक्षा में अपनी योग्यता के आधार पर अपने सभी सहपाठियों के बीच अव्वल साबित होता, उतना ही उसके सुविधा सम्पन्न सहपाठी उसकी दरिद्रता को निशाना बना, उसे नीचा दिखाने का कोई मौका हाथ से नहीं जाने देते।

एक दिन तो हद ही हो गई। उसके एक सहपाठी ने उसकी पहले से ही फटी कमीज में अँगुली डालकर उसे पूरा ही फाड़ डाला। कमीज जीर्ण-शीर्ण अवस्था में वैसे ही थी, खिंचते ही पूरी फट गई और नारायण की दुबली-पतली काया फटी कमीज के अन्दर से झाँकने लगी।

'अरे इसकी कमीज तो कागज की बनी थी।' वह लड़का जोर से हँसा और इसी के साथ पूरी कक्षा ठहाकों से गूँज उठी। अपमान और गुस्से से नारायण का चेहरा तमतमा गया और गुस्से में न जाने कहाँ से इस दुबली पतली काया में गजब की ताकत आ गई। अचानक ही उसने जोर-जोर से हँसते हुए उस सहपाठी को अपनी ओर खींचा और जब तक कि कोई कुछ समझ पाता, नारायण ने उस पर घूंसों से ताबड़तोड़ तीन-चार प्रहार कर दिये।

नारायण के इस रूप को देखकर पूरी कक्षा सहम गई और उस लड़के ने तो जोर-जोर से रोना आरम्भ कर दिया। शोर सुनकर अध्यापक कक्षा में आ गये। उनके आते ही सारी कक्षा शांत हो गई। अध्यापक कुछ पूछते, उससे पहले ही एक छात्र बोल उठा 'मास्टर जी, नारायण ने कमल को मारा।'

'नारायण! लेकिन ऐसा क्यों किया तुमने?' और उनका ध्यान नारायण की फटी हुई कमीज और कमल की ओर गया, जो अभी भी रो रहा था।

नारायण अपने अपमान के साथ-साथ इस बात को लेकर भी दुःखी था कि कल वह स्कूल क्या पहन कर आयेगा। उसके पास तो एक ही कमीज थी।

मास्टर जी ने दोनों को डाट-फटकार कर मामला वहीं शांत कर दिया, किन्तु अभी तो इसकी सुनवाई गाँव में भी होगी, यह नारायण को पता नहीं था।

कमीज फटने पर मार पड़ने के भय से नारायण देर से घर पहुँचा, लेकिन घर पहुँचने पर पता चला कि मार तो पड़ने वाली है, परन्तु कमीज फटने पर नहीं, किसी और कारण से। पिता गुस्से में बडबड़ा रहे थे, 'पता नहीं क्या समझता है अपने आप को? पढ़ाई में अव्वल क्या आने लगा, चला गांव के जमीदारों से मुकाबला करने। अबे, अन्नदाता हैं हमारे वे।'

ज्यों ही नारायण ने घर की देहरी पर कदम रखा, पिता ने आव देखा न ताव दो थप्पड़ जड़ दिये उसके, 'बहुत बड़ा बदमाश बन गया है तू। जमींदारों के बच्चे को मारेगा? कल से तेरा स्कूल जाना बन्द।'

'लेकिन उसने मेरी कमीज फाड़ी थी और पूरी कक्षा में मेरा मजाक बनाया था।' नारायण रूआंसी आवाज में बोला।

'तो क्या हुआ? सोना जड़ा था तेरी कमीज में क्या? फट गई तो कौन सा आसमान टूट पड़ा। चल मेरे साथ, अभी माफी माँग उनसे।' पिता का क्रोध शान्त नहीं हुआ था।

'मैं नहीं माँगूंगा माफी, मेरी क्या गलती है?' नारायण अड़ गया था।

'नहीं माँगेगा माफी?' इतना कहते ही पिता ने गुस्से में उसके दो थप्पड़ और जड़ दिये थे। उसका हाथ पकड़कर लगभग घसीटते हुए उसे कमल के घर की ओर ले गये।

वहाँ पहुँचकर उन्होंने नारायण को कमल के पिता के सामने खड़ा कर दिया। साहब मेरे बेटे से गलती हो गई। छोटा है न अभी, नहीं समझता किसके साथ कैसे व्यवहार करना है?' नारायण के पिता स्पष्टीकरण देते हुए बोले।

कमल के पिता जो कि तिबार में बैठे हुक्का पी रहे थे, ने आँख उठाकर नारायण की ओर देखा 'हूँ तो ये तुम्हारा बेटा है। समझाओ इसे कि बड़ों और छोटों में अन्तर करना सीखे।' फिर नारायण की फटी कमीज की तरफ इशारा करते हुए बोले, 'अरे इसकी कमीज तो पूरी ही फट गई। कल कैसे स्कूल जायेगा? ऐसा करो थोड़ी देर में आना, हम कमल की पुरानी कमीज इसके लिए दे देंगे', इतना कहकर वे उठकर अन्दर चले गये।

'आपका ही सहारा है मालिक! आप नहीं होते तो बच्चें भूखे मर जाते मेरे।' नारायण के पिता की आवाज और अधिक दयनीय

होती चली गई।

'देखा तूने, ऐसे होते हैं बड़े लोग? तूने उनके बेटे को मारा, तब भी उन्हें तेरे स्कूल जाने की चिन्ता है।' पिता नारायण को समझाने के स्वर में कह रहे थे और नारायण सोच रहा था कि कोई उससे ये क्यों नहीं पूछता कि उसने कमल को क्यों मारा? उसकी कमीज कैसे फटी?

घर पहुँचकर सीधे माँ के पास जाकर रसोई में बैठ गया। सबसे छोटा होने के कारण माँ का लाड़ला था। उसे उम्मीद थी माँ उसका पक्ष लेगी, लेकिन माँ तो चुप थी, उन्हें चुप देख नारायण स्वयं ही बोल पड़ा–

'माँ! उसने मेरी कमीज फाड़ी, उसको तो किसी ने कुछ नहीं कहा और सब मुझे ही क्यों डांट रहे हैं?'

'बेटा, वे बड़े लोग हैं। तेरे पिता और भाई उनके खेतों में मजदूरी करते हैं, हल चलाते हैं, कभी विपत्ति पड़े, तो दो पैसा उधार भी मिल जाता है। हम उनकी बराबरी नहीं कर सकते।' माँ ने विवशता प्रकट करते हुए नारायण को सीने से लगा लिया।

'माँ वे इतने अमीर और हम इतने गरीब क्यों है? ऐसा क्यों होता है?' माँ से इसका कोई उत्तर न पाकर नारायण पुनः बोला 'थू! मैं भीख में दी हुई उनकी कमीज पहन कर स्कूल नहीं जाऊँगा। कोई पुरानी कमीज होगी, उसे ही ठीक कर देना। मुझे इनका कुछ नहीं चाहिए। एक दिन मैं भी उनकी तरह बड़ा बन के दिखाऊँगा।'

नारायण की बातें सुनते ही माँ की आँखे छलछला आई थीं। उन्होंने नारायण को कसकर सीने से लगा लिया और रोते हुए बोली 'ठीक है, बेटा तेरी फटी हुई कमीज आज रात को ही सिलाई मारकर ठीक कर दूँगी।

और यहीं से नारायण के मन में विद्रोह की भावना पनपती

चली गई।

पांचवीं की परीक्षा में नारायण ने पूरे विकास खण्ड में प्रथम स्थान प्राप्त किया, तो सरकार ने उसे आगे की पढ़ाई के लिए छात्रवृत्ति स्वीकृत कर दी।

गांव से लगभग चार मील की दूरी पर हाईस्कूल और उसके साथ ही छात्रावास भी था। दूरस्थ गाँवों के सुविधा सम्पन्न विद्यार्थी छात्रावास में ही रहा करते थे। अधिकांश गरीब विद्यार्थी या तो पांचवी के पश्चात ही स्कूल छोड़ देते या नित्य प्रति तीन-चार मील पैदल चलकर पढ़ने आते। नारायण भी इन्हीं बच्चों में से एक था। चूंकि छात्रवृत्ति मिल रही थी, तो नारायण के पिता आगे पढ़ाने से मना भी नहीं कर पाये, साथ हीं नारायण के अध्यापकों के आग्रह को भी वे टाल नहीं पाये। 'बहुत होनहार बेटा है आपका , आगे चलकर नाम कमायेगा और लगता है आपकी भी जिन्दगी सुधर जायेगी।' अध्यापक कहते तो नारायण के पिता को कुछ सुकून मिलता।

और इसके पश्चात् नारायण ने मुड़कर नहीं देखा। हाईस्कूल व इण्टरमीडिएट में अच्छे अंकों के बल पर उसे कॉलेज में भी छात्रवृत्ति मिल़ गई।

नारायण की प्रखरता अब बढ़ती जा रही थी। कॉलेज में आकर धीरे-धीरे वह छात्र राजनीति में भी सक्रिय रहने लगा। गरीबों और दबे हुए लोगों के लिए कुछ कर गुजरने की इच्छा, उसे राजनीति में ले आई। लेकिन मन अभी भी गांव में अटका हुआ था। उसने स्नातक की परीक्षा अच्छे अंकों में उत्तीर्ण कर ली। इसी बीच गांव के पास स्थित विकास खण्ड मुख्यालय में ग्राम-विकास अधिकारी के पद हेतु चयनित हो गया।

इस पद पर रहते हुए उसने मेहनत और लगन से काम कर आस-पास के क्षेत्र के लोगों में अपनी प्रभावी साख बना ली थी।

गांव में ही कुछ कृषि योग्य भूमि खरीद कर अपने पिता व भाइयों को एक सम्मानजनक जिन्दगी जीने योग्य बना दिया था उसने। इसी बीच पिता ने पड़ोस के गांव की सुन्दर, सुशील युवती कमला से नारायण का विवाह करा दिया। दस वर्ष पलक झपकते ही कैसे बीत गये, नारायण को पता भी न चला। इसी बीच वह दो पुत्रियों का बाप बन चुका था।

आखिरकार नारायण की क्षेत्र में अच्छी साख और छात्र जीवन में राजनीति में उसके अनुभव को देखते हुए एक राजनीतिक पार्टी ने उसे चुनाव लड़ने का न्यौता दिया, तो नारायण के अन्दर की दबी हुई इच्छा जागृत हो उठी और उसने चुनाव लड़ने का फैसला कर लिया।

एक तो उसका विनम्र व्यवहार, साथ ही नौकरी के दौरान उसके द्वारा क्षेत्रवासियों के लिए किये गये कार्यों ने उसे भारी बहुमत से विजयश्री दिलवा दी और यहीं से आरम्भ हुआ नारायण का राजनीतिक जीवन सफर। अगले ही वर्ष कमला ने एक पुत्र को जन्म दिया, जिसका नाम रखा गया, आदित्य।

इसके बाद नारायण ने पीछे मुड़कर नहीं देखा। राजनीतिक जीवन में दो बार मंत्रीपद पर रहने के बाद भी नारायण ने अपनी स्वच्छ छवि पर आंच नहीं आने दी। भाई-भतीजावाद का आरोप न लगे, इसके लिए उसने परिवार के सदस्यों को राजनीति से दूर ही रखा। बच्चों को हमेशा अच्छी पढ़ाई व अपने पैरों पर खड़ा होने के लिए प्रेरित किया। इसी का परिणाम था कि दोनों बेटियां अपनी पढ़ाई पूरी करने के उपरान्त स्वयं की योग्यता के बल पर उच्च पदों पर कार्यरत थी, किन्तु आदित्य दिमाग तेज होने के बावजूद पढ़ाई में अधिक ध्यान नहीं देता था। ऊपर से कमला के लाड़-प्यार ने उसे बिगाड़ दिया था। यद्यपि नारायण चाहते थे कि जिस अभाव में उनका जीवन बीता है, उसकी छाया भी उनके बच्चों पर न पड़े।

साथ ही वह बच्चों से अनुशासित होने की अपेक्षा भी रखते थे।

सच तो यह था कि आदित्य के मामले में कमला के आगे उनकी एक न चल पाती थी। साथ ही जैसे-जैसे वे राजनीति में ऊँचे पायदान पर चढ़ते गये, वैसे-वैसे घर के लिए उनका वक्त कम होता चला गया।

कॉलेज पहुँचते ही आदित्य और अधिक निरंकुश हो गया। उसके मित्रों की मण्डली भी अच्छी नहीं थी। उसकी हरकतों के अधिकांश समाचार तो घर तक पहुँच ही नहीं पाते थे, क्योंकि ऐसा करने पर समाचार देने वाले को नतीजा भुगतने की तुरन्त धमकी मिल जाती।

कमला आदित्य की हरकतों को जानती तो थी, लेकिन कुछ तो नारायण के कठोर स्वभाव से और कुछ उनकी व्यस्तता के कारण उन्हें कुछ भी न बताती।

आदित्य हमेशा ही अपनी चंडाल-चौकड़ी से घिरा रहता था। आखिर उसके पास दोस्तों पर लुटाने को बहुत सारा पैसा जो था। इसके साथ ही प्रभावशाली पिता की सन्तान होने के कारण उसकी करतूतों पर कोई जल्दी कुछ कहने की हिम्मत भी नहीं जुटा पाता था।

इन्हीं दिनों शहर में नगर निगम के चुनाव घोषित हो गये। आदित्य के मित्रों ने उसे लगे हाथ मेयर का चुनाव लड़ने की सलाह दे डाली। 'यार, तू अपने पिता से बात क्यों नहीं करता? वे तो तुझे आसानी से अपनी पार्टी से टिकट दिलवा देंगे। एक बार राजनीति में दाखिल हो जा, फिर तो आगे सब ठीक ही चलेगा।'

'कह तो तू ठीक रहा है, यार! लेकिन पिताजी तो इसके लिए कभी नहीं मानेंगे। मेयर के लिए तो वे अपनी पार्टी के किसी कार्यकर्ता को ही टिकट दिलवायेंगे।'

'अरे यार, तेरे पिता इतना सा काम भी नहीं कर सकते? लोगों

ने तो अपने परिवार के लिए क्या-क्या नहीं किया? तू एक बार बात तो कर और वैसे भी तू और कर भी क्या पायेगा? नौकरी तो करने से रहा। तुझे भी तो अपनी जिन्दगी संवारनी है। हमेशा ऐसे ही तो नहीं भटकता रहेगा।' दोस्तों ने आदित्य को उकसाने का कुत्सित प्रयास जारी रखते हुये कहा।

मित्रों के उकसावे पर आदित्य की हिम्मत भी बढ़ गई। उसकी समझ में उनकी बात आ रही थीं, 'पिताजी अभी तो दिल्ली गये हैं, दो दिन बाद लौटेंगे, तभी उनसे बात करूंगा।'

दो दिन बाद आदित्य के मुँह से मेयर के टिकट की बात सुनकर नारायण चौंक गये। 'क्या कहा? मेयर का टिकट? पागल हो गया है क्या? इतना आसान होता है टिकट पाना? लोग तो वर्षों से पार्टी के लिए तनमन लगाये हुए हैं। वर्षों से लोगों के बीच काम कर रहे हैं। टिकट उन्हें नहीं मिलेगा, तो क्या तुझे मिलेगा?'

'लेकिन पिताजी! आपका प्रभाव किस दिन काम आयेगा? आप मेरे भविष्य के लिए इतना तो कर ही सकते हैं।' आदित्य दोस्तों की जुबान बोल रहा था।

इतना सुनते ही नारायण आग बबूला हो उठे। 'अच्छा तो मेरे जीवन भर की मेहनत का फल पाना चाहता है तू? जानता है किन परिस्थितियों को झेलते हुए यहाँ तक पहुँचा हूँ और आज तक अपने ऊपर, आंच नहीं आने दी।'

'हाँ! आपको तो सिर्फ अपनी परवाह है। आपकी प्रतिष्ठा, आपका मान-सम्मान, इसके आगे तो आप किसी की चिन्ता ही नहीं करते। सिर्फ अपने बारे में सोचते हैं आप।' और आदित्य दनदनाता हुआ घर से बाहर निकल गया।

'कमला!' पत्नी को पुकारते हुए नारायण बोले 'ये आदित्य कह क्या रहा है? आजकल पता नहीं कहाँ से राजनीति का भूत सवार हुआ है? समझाओ उसे, यह सब इतना आसान नहीं है।'

'जी, मै बात करूंगी उससे।' कमला ने कह तो दिया लेकिन वह स्वयं नहीं जानती थी कि आदित्य से वह कब बात कर पायेगी?

कुछ दिन सब शान्त रहा। नारायण ने भी इसे गम्भीरता से नहीं लिया और अपने काम में व्यस्त हो गये। एक दिन आदित्य घबराया हुआ सा घर आया और बैग में कुछ सामान लेकर तेजी से घर से निकल गया। जब तक कमला कुछ समझ पाती, आदित्य घर से बाहर निकल चुका था।

कुछ देर बाद घर का नौकर जो अभी बाजार से लौटा था, कमला के पास आया और कहने लगा, 'मेम साहब! बाजार में बहुत गड़बड़ हो गयी है। आज वो धर्मवीर है न, हाँ-हाँ वही जो मेयर का चुनाव लड़ रहे हैं।'

'क्या हुआ उन्हें?' कमला ने नौकर को बीच में ही रोककर पूछा।

'हाँ, वही अम्मा, उन्हें किसी ने गोली मार दी और घटनास्थल पर ही उनकी मृत्यु हो गई।' और फिर बहुत धीमी और घबराई सी आवाज में बोला 'अम्मा, लोग भैय्या जी के बारे में....।'

'कौन? आदित्य! क्या कह रहे थे उसके बारे में?' कमला ने व्यग्रता से पूछा।

'अम्मा, वो मैं नहीं कह रहा हूँ, लोग कह रहे हैं कि धर्मवीर जी का खून भैया जी ने किया।' उसने घबराते हुए ही बात पूरी की।

'तो क्या इसीलिए आया था आदित्य घबराया सा?' कमला मन ही मन सोचते हुए बोली।

'अच्छा, तुम जाओ। पता नहीं क्या-क्या सुन कर आते हो?' कमला अपनी घबराहट छुपाते हुए बोली, लेकिन उसके जाते ही उसने तुरन्त पति का फोन मिलाकर उनसे वस्तुस्थिति जानने का

प्रयत्न किया, लेकिन सम्पर्क नहीं हो पाया।

शाम होने को आ गई, किन्तु अभी तक कमला का नारायण से सम्पर्क नहीं हो पाया। उसे लग रहा था कि घर में हर तरफ खुसुर-फुसुर हो रही है, लेकिन उसे देखते ही सब लोग चुप हो जाते हैं।

लगभग आधी रात के बाद नारायण घर लौटे। कमला की आंखों से नींद वैसे ही कोसों दूर थी। आदित्य भी अब तक घर नहीं लौटा था, वैसे तो वह अक्सर आधी रात के बाद ही घर लौटता था, लेकिन आज बात कुछ और थी। अनजानी आशंका से कमला का दिल बैठा जा रहा था। पति के आते ही उसे थोड़ा सहारा मिला।

'अरे, आप आ गये। मैं तो कब से आपको फोन मिला रही थी। कमबख्त लाइन ही नहीं मिल रही थी। वैसे आप अचानक कैसे आ गये? कोई कार्यक्रम तो नहीं था आपके आने का?' कमला एक ही सांस में बहुत सारी बातें पूछ बैठी।

नारायण कुछ नहीं बोले, निढ़ाल से कमरे में रखे सोफे पर बैठ गये।

कमला ने पति की ओर देखा, तो चौंक गई। उनका चेहरा उतरा हुआ था, आंखें ऐसी हो रही थी मानों खूब रोये हों।

'क्या हुआ आपको? आप ठीक तो हैं न?'

'सब कुछ खत्म हो गया, कमला, इतने वर्षो की मेहनत से अर्जित मान- सम्मान सब मिट्टी हो गया।' नारायण की आवाज में हताशा थी।

'ये क्या कह रहे हैं आप? ऐसा क्या हो गया!'

'आदित्य ने धर्मवीर का खून कर दिया कमला! और शहर से बाहर भागते हुए पकड़ा गया। इस समय वह जेल में है।'

तो क्या जो उसने नौकर से सुना था, वह सच था? 'लेकिन

आदित्य ऐसा क्यों करेगा।' नारायण से बोली 'आपको जरूर कोई गलत फहमी हुई है, आदित्य ऐसा क्यों करेगा? उसको इस सब से क्या लेना देना? आप...।'

'कमला!' नारायण ने उसे बीच में ही रोक दिया 'आदित्य ने यह सब दिन-दहाड़े किया है, कई लोगों ने देखा है उसे, और फिर शहर छोड़कर भागना, यह सब क्या दर्शाता है?'

'फिर भी, आप पता तो कीजिए।' कमला अब भी यकीन नहीं कर पा रही थी कि आदित्य ऐसा भी कर सकता है।

'ठीक है, कल पता करूंगा।' पत्नी को तो टाल दिया नारायण ने, किन्तु स्वयं से क्या छुपायेगें? सब कुछ तो पता कर आये थे। झूठ की कोई गुंजाइश नहीं थी। धर्मवीर उन्हीं की पार्टी का उम्मीदवार था। उन्होंने सोचा भी नहीं था कि आदित्य की अपरिपक्व राजनीतिक महत्वाकांक्षा इस रूप में सामने आयेगी।

क्यों उन्होंने उस दिन आदित्य की बात को गम्भीरता से नहीं लिया! अगर वे उसको थोड़ा भी समय देकर ठीक से समझाते, तो शायद यह नौबत नहीं आती और न उनकी पद-प्रतिष्ठा इस तरह धूल-धुसरित होती। लेकिन अब क्या हो सकता है?

इस घटना को दस दिन हो चुके हैं। ये दस दिन नारायण ने ऐसे गुजारे, मानों एक सदी जी ली हो। बहुत सारे मित्रों, सम्बंधियों की असलियत नजर आई है, इन दस दिनों में। पहले लोग दूर-दूर की जान-पहचान निकालकर कभी उनसे मिलने का बहाना ढूंढते नजर आते थे। आज निकट के सम्बंधियों ने भी मुँह मोड़ लिया है।

'हे भगवान! कहाँ गलती हो गई मुझसे? जो आज यह दिन देखना पड़ रहा है। नारायण ने लम्बी सांस ली। तभी कमला ने कमरे की बत्ती जलाकर उनकी तन्द्रा भंग कर दी और लाईट जलते ही वे वर्तमान के धरातल पर लौट आये थे।

'आप यहाँ बैठे हैं और मैं सब जगह आपको ढूँढ आई, चलिए

खाना लग गया है।'

'चलो कमला! मैं आता हूँ पांच मिनट में।'

कल आदित्य के मुकदमें की सुनवाई है। केस इतना साफ है कि जज को फैसला देने में ज्यादा मेहनत नहीं करनी पड़ेगी। आज यह दिन देखने के लिए भी उन्हें जीवित रहना होगा, ये कभी नहीं सोचा था उन्होंने! यही सोचते- सोचते वे धीरे-धीरे भोजन कक्ष की ओर बढ़ चले...।

आदमखोर

गाँव के सीढ़ीनुमा खेतों में लहलहाती फसलें हवा के मन्द-मन्द झोंकों के साथ अठखेलियाँ करती हुई सायं होने का इन्तजार कर रही थी। लोग अपने-अपने दिनभर के कार्यो से निवृत्त होकर घरों को लौट रहे थे। तौली गाँव के बच्चों की किलकारियाँ भी धीरे-धीरे रुकने लगी थीं। दूसरी ओर काण्डई गाँव लगभग अंधेरे के आगोश में समा चुका था।

क्षेत्र में पिछले कई दिनों से बिजली पूरी तरह गुल थी। केवल दिखावे मात्र के ही बिजली के पोल खड़े थे। धीरे-धीरे घरों से रोशनी दिखाई देने लगी। तभी अचानक जगत सिंह के आँगन में लगे पानी के नल के पास बच्चे के चिल्लाने की आवाज आई।

देखते ही देखते जगत सिंह के घर में लोगों का जमावड़ा लग गया। 'क्या हुआ? क्या हुआ?' घरों से सारे लोग भयभीत होकर बाहर निकल आए। हर कोई जानना चाहता था कि आखिर इतनी जोर की चीख किस की थी? तब तक दानेधार से बल्लू ने आवाज लगाई कि जगत सिंह के छोटे बेटे किशोर को आदमखोर बाघ उठा ले गया है।

आदमखोर बाघ का नाम सुनते ही सारा गाँव भय से सन्न रह गया था। जगत सिंह का पूरा परिवार गम में डूबा चीखता-चिल्लाता

जा रहा था। 'सभी लोग मशालें लेकर ऊपर आ जाएँ! जसपुर के घने जंगलों की ओर बच्चे की तलाश में जाना होगा।' हवलदार काका ने पूरे गाँव को आवाज दी थी।

जहाँ से बाघ बच्चे को ऊठाकर ले गया, वहाँ से लोग हाथ पर मशाल लिए जंगल की तरफ बढ़ने लगे। रात के अन्धेरे में ओस की बूँदों पर खून की बूँदें दिखायी देने लगीं और लोग उन्हीं निशानों के बल पर जंगल की ओर निकल पड़े, किन्तु तब तक काफी देर हो चुकी थी।

उधर 'कण्डारी खोला' में जगत सिंह की पत्नी बेहोश पड़ी हुई थी। बाघ के मुँह से बच्चे को छुड़ाते समय हमले में जख्मी उसके हाथ पर पास में ही किराये पर रह रहे आयुर्वेदिक चिकित्सालय के फार्मेसिस्ट गोपाल राम ने लाल दवा लगाकर पट्टी बाँध दी थी।

अनायास आदमखोर के हमले से वह गहरे सदमे में थी और इस समय कुछ भी बताने की स्थिति में नहीं थी कि किशोर कहाँ गया? आदमखोर द्वारा अचानक हमला करने से वह बेहोश हो गई थी। स्टैण्ड पोस्ट पर ही बच्चे के पाँव की एक चप्पल और सिर की टोपी गिरी हुई थी।

काण्डई गाँव में पिछले तीन दिनों से बिजली नदारद थी। गाँव में बिजली होती, तो बाघ को शिकार करने का इतना आसान मौका न मिलता। चार दिन पहले 'नाकतोली' में शिवराज के बेटे को भी बाघ ने अपना निवाला बना दिया था, उस दिन भी बिजली गुल थी। देवेन्द्र प्रधान ने चिल्ला-चिल्ला कर कहा 'नाकतोली के शिवराज के बेटे बंटी व जगत सिंह के बेटे किशोर की मौत के लिए वन विभाग व बिजली विभाग समान रूप से दोषी हैं। अरे! आखिर कितने लोगों की मौत के बाद चेतेगा वन विभाग? क्या आदमी की जान की कीमत पर बाघों के संरक्षण का ढोल पीटा जाना चाहिए?'

इस इलाके में छः माह के अंदर यह सातवीं घटना है। सात मासूमों की जान चली गई, किन्तु अभी तक भी प्रशासन की कान में जूँ तक न रेंगी। आखिर लोग फरियाद करने जाएँ भी तो किसके पास? 'हर साख पे उल्लू बैठा है, अंजामे गुलिस्ताँ क्या होगा?' वाली कहावत चरितार्थ हो रही है यहाँ तो!

अब तो खुद लोग बंदूकें उठा कर बाघ व उसके संरक्षण का दम्भ भरने वाले ठेकेदारों को ही गोली से उड़ाने की सोचने लगे थे। देवेन्द्र प्रधान के गुस्से से सभी गाँव वाले सहमत थे। उनके अंदर का आक्रोश अब सड़कों पर फूट पड़ेगा, ऐसा ग्रामीणों की आपसी बातचीत से साफ जाहिर होता था। गाँव के लोग अब अपने परिवार एवं बच्चों की इन आदमखोरों से रक्षा के लिए रात- रात भर जागकर बारी-बारी से गाँव की रखवाली में बैठे रहने को विवश थे।

पौष के महीने की ठंडी सर्द रात। कड़ाके की ठंड, लेकिन इतनी ठंड में भी काण्डई गाँव का तापमान मानों कई गुना बढ़ गया था। बाहर तो ठंड थी, लेकिन लोगों के दिलो-दिमाग में गुस्से की आग उबल रही थी। आदमखोर बाघ के बढ़ते हमलों से सहमे लोगों में प्रशासन की उदासीनता व उपेक्षापूर्ण व्यवहार के प्रति दिनोंदिन आक्रोश बढ़ता ही जा रहा था।

रात और गहरा चुकी थी। इतनी अँधेरी स्याह काली रात लोगों ने शायद कभी न देखी थी। धीरे-धीरे आसमान पर काले बादलों का हुजूम बढ़ने लगा और हल्की-हल्की बूँदा-बाँदी भी शुरू हो गई थी। फिर भी लोग बच्चे को ढूंढ़ने में कोई कसर नहीं छोड़ना चाहते थे।

गाँव से लगभग डेढ़ मील दूर चलकर भी जंगल में किशोर का कहीं पता नहीं चल पाया। उधर चौंरी के गधेरे की झाड़ियों में लोग किशोर को ढूँढ-ढूँढ कर थक गए। जब सुबह के लगभग चार बज

गये, तो देवेन्द्र प्रधान ने कहा 'जसपाल भाई! अब मुझे लगता है कि दिन निकलने पर ही कहीं कुछ पता चल पायेगा।' और फिर सारे लोग अन्ततः थक-हारकर खाली हाथ घर वापिस आ गये।

सुबह होने तक भी गाँव वालों की आँखों से नींद गायब थी। लड़के का चेहरा उनकी आँखों में बार-बार घूम रहा था। किसी को विश्वास ही नहीं हो पा रहा था कि सच में किशोर के साथ यह घटना हो गई है। तेरह साल का किशोर पढ़ाई में भी बहुत होशियार था। जब कभी भी गाँव में बच्चों की चर्चा होती, तो किशोर का नाम ही सबसे ऊपर होता। हो भी क्यों न? वह था भी पढ़ाई में होशियार। हमेशा कक्षा में प्रथम स्थान पर रहता। किशोर देखने में भी काफी सुन्दर व गोरा चिट्टा था।

'आखिर एक जंगली जानवर की भूख की हवस के लिए गाँव की प्रतिभाएं ऐसे ही स्वाहा हो जायेंगी? आज जगत सिंह के बेटे को उठा ले गया, कल न जाने किस की शामत हो?' यह सवाल भी लोगों को बेचैन कर रहा था।

बेचारा जगत सिंह, कितना भला आदमी! पन्द्रह बीस दिन पहिले ही दो महीने की छुट्टी बिताकर जम्मू-कश्मीर ड्यूटी पर वापिस लौटा था। जगत सिंह जब भी फौज से छुट्टी लेकर गाँव आता, तो उन दिनों गाँव की रौनक देखते ही बनती थी। किशोर भी बिल्कुल अपने बाप पर गया था, उतना ही मिलनसार व खुश मिजाज।

वैसे अब लोगों को उम्मीद कम थी कि किशोर अब तक जिंदा होगा। सुबह होते ही लोग फिर जंगल की ओर गये, तो गाँव से आधा किलोमीटर दूर चौंरी के गधेरे में एक झाड़ी पर किशोर का क्षत-विक्षत शव मिल गया। आखिर वही हुआ, जिसकी आशंका थी गाँव में मातम छा गया।

किशोर की माँ थोड़ी देर के लिये होश में आई तो फिर

'किशोर-किशोर' चिल्लाते हुए बेहोश हो गई। रो-रोकर गाँव की महिलाओं की आँखों के आँसू सूख गए थे। उसी दिन गाँव में पंचायत हुई। पंचायत में ही यह तय किया गया कि किशोर के शव को लेकर जिला मुख्यालय पर प्रदर्शन किया जाये।

काण्डई गाँव ही नहीं, वरन् पूरे इलाके के हजारों लोग बसों में भर-भरकर मुख्यालय आ गए और मुख्यालय में जिलाधिकारी के दफ्तर के सामने किशोर के शव के साथ आमरण अनशन पर बैठ गए। 'जिला प्रशासन मुर्दाबाद, वन विभाग मुर्दाबाद, विद्युत विभाग मुर्दाबाद' के नारे लगाकर लोगों ने कलेक्टर को कार्यालय से बाहर आने पर मजबूर कर दिया।

जिला स्तर की लगभग सभी राजनीतिक पार्टी के लोगों का समर्थन गाँव के लोगों को मिल रहा था। प्रशासन के प्रति जनाक्रोश बढ़ता ही जा रहा था। लोग इतने उत्तेजित थे कि मरने-मारने की स्थिति खड़ी हो गयी थी। गाँव के लोगों ने जिलाधिकारी से जानना चाहा कि 'आखिर उस आदमखोर बाघ को क्यों नहीं मारा जा रहा है, जिसने अब तक दशौली क्षेत्र के आधा दर्जन से अधिक लोगों को अपना निवाला बना लिया? क्या नरभक्षी बाघों का संरक्षण लोगों की जान की कीमत पर किया जाना चाहिए? अगर नहीं तो गाँव के खेत-खलिहानों में दिन-दहाड़े घूम रहे इन आदमखोरों को क्यों नहीं मारा जा रहा है? और कितनी मौतों के बाद इन बाघों को मारने का आदेश मिलेगा?'

जिलाधिकारी ने मृतक आश्रित को मुआवजा राशि देने की घोषणा के साथ उस आदमखोर को मार गिराने के लिए शिकारी दल तैनात करने के निर्देश दे दिए। मुजावजे से मौत का मातम भला कभी कम हुआ है? क्या जगत सिंह के घर की रौनक फिर कभी लौट पायेगी? उस आदमखोर बाघ को मारने में शिकारी-दल कितना सफल रहता है, यह तो समय ही बतायेगा। फिलहाल तो

ग्रामीणों के सिर पर मौत का खौफ तो आज तक भी मंडरा ही रहा था।

मूलभूत सुविधाओं से वंचित सुदूरवर्ती ग्रामीण क्षेत्रों में आज भी लोग भय की काली छाया से उबर नहीं पा रहे हैं। कभी तो ये लोग अपने घरों में अपने बाल-बच्चों सहित चैन की नींद सो पायेंगे, इसी आस में जीवनयापन को मजबूर हैं ये! शायद यही इस पहाड़ की नियति है।

आश्रय

इस दुनियाँ में न जाने कितने परिवार होंगे, जिन्हें रात को रहने के लिए छत एवं खाने के लिए रोटी नसीब नहीं हो पाती। सड़कों, चौराहों व पगडंडियों पर कटोरा लेकर भीख माँगते बच्चों को देखकर आखिर किसी का दिल क्यों नहीं पसीजता? सीना क्यों नहीं फटता? आखिर इन मासूमों का क्या दोष! जो भगवान इन्हें इतनी बड़ी सजा दे रहा है?

रूपेश मन ही मन सोचता कि मैं इन सारी बातों पर क्यों सोचूं? मैंने दुनिया का ठेका तो नहीं ले रखा है? आखिर मैं ही क्यों सोचूं उन अनाथ बच्चों के बारे में? आखिर मेरे बारे में लोगों ने कितना सोचा? क्या मेरी तकलीफों में किसी ने मेरा साथ दिया? लेकिन फिर बुरे समय की यादों से निकलने का प्रयत्न करते रूपेश सोचता कि मेरी तकलीफों से इन मासूम बच्चों का क्या लेना-देना। मुझे तो अपना फर्ज निभाना है। मेरी वजह से किसी बच्चे का भला हो जाए, तो उसमें मानवता का ही भला होगा और उसी भावना से प्रेरित होकर रूपेश ने अनाथ बच्चों के लिए एक अनाथाश्रम की स्थापना का मन बना लिया।

रूपेश भी तो अनाथ ही था। अनाथाश्रम में ही उसका पालन-पोषण हुआ था। यह अलग बात है कि रूपेश ने समाज

सेवा और पत्रकारिता के क्षेत्र में जो स्थान अपने लिए अर्जित किया, वह उसके स्वयं के संघर्षों एवं परिश्रम का परिणाम था।

रूपेश मन ही मन सोचता, कि काश! मेरे जैसा कोई और अनाथ इस दुनियाँ में न भटके, इसलिए उसने अनाथ बच्चों की परवरिश के लिए एक छोटी सी झोंपड़ी में आश्रम की शुरूआत की थी। रूपेश की लगन व निष्ठा को देखकर धीरे-धीरे हर कोई उस पुनीत कार्य में अपना योगदान प्रत्यक्ष या अप्रत्यक्ष रूप में देने लगा। देखते-देखते कुछ ही सालों में 'आश्रय' के नाम से रूपेश का अनाथाश्रम पूरे क्षेत्र में ही नहीं, वरन् प्रदेश भर में लोकप्रिय हो गया और अनाथ एवं निःसहाय बच्चों के लिए मानों यह वरदान-भवन बन गया।

रूपेश की निस्वार्थ सेवा के मूल मंत्र से आश्रम के लिए सारे संसाधन खुद ब-खुद जुड़ने लगे। आश्रम के लिए धन की कोई कमी न रहे, इसके लिए रूपेश लगातार प्रयास कर रहा था। 'आश्रय' में बच्चों के लालन-पालन के लिए शहर के धन्ना सेठों से सहायता का अनुरोध करना पड़ता था। शहर के सारे बड़े सेठ रूपेश के अनाथाश्रम के लिए धन देने में फक्र समझते।

रूपेश ने इस आश्रम को समाज से ठुकराये हुए बच्चों की पढ़ाई-लिखाई एवं लड़कियों के विवाह समारोह और उनकी विदाई पर भी केन्द्रित कर दिया था।

गरीब एवं बेसहारा बच्चों के प्रति लोगों में लगाव पैदा करने के लिए रूपेश ने आश्रम से प्रकाशित साप्ताहिक समाचार पत्र 'आश्रय संदेश' के जरिए समाज के अनाथ बच्चों के प्रति लोगों का ध्यान जगाने का जो पुनीत कार्य किया, उससे आश्रम पर 'लक्ष्मी' की कृपा होने लगी और आज यही आश्रम सामाजिक गतिविधियों का एक ऐसा आदर्श केन्द्र बन चुका है कि वह केवल अनाथ बच्चों की परवरिश ही नहीं कर रहा है, वरन् निर्धन

कन्याओं के विवाह का भी बोझ उठाने लगा है।

रूपेश के आश्रम में अब वे बच्चे अटठारह बीस साल से ऊपर के हो गये हैं, जो सबसे पहिले इस आश्रम में आये थे। जब उसने यह आश्रम शुरू किया था, तो रीना और रश्मि छः माह की थीं और उन्हीं के साथ के अन्य बच्चे नीलाभ, पंकज, अक्षत और विक्रांत भी अब अट्ठारह-उन्नीस वर्ष की आयु से ऊपर के हो गये हैं।

इन दो दशकों के अन्तराल में रूपेश की जिम्मेदारियाँ कुछ कम हुई हैं। रीना, रूपेश की अनुपस्थिति में आश्रम का सारा काम देखने लगी। धीरे-धीरे आश्रम के कार्यों में हाथ बँटाती ये दोनों लड़कियाँ जवानी की दहलीज पर खड़ी हो गयी, जिससे चिन्तित रुपेश के माथे की लकीरें दिन-प्रतिदिन बढ़ने लगी।

रूपेश की चिंता रीना की शादी को लेकर थी, उसी के समान योग्य वर ढूँढने की चुनौती रूपेश के समक्ष थी। रीना लगती भी किसी राजकुमारी की तरह थी। उसके रूप-सौन्दर्य को देखकर हर कोई मुग्ध हो जाता 'सुन्दरता में बेमिसाल, व्यवहार में विनम्रता व आचरण में अभिजात्य शालीनता।'

रूपेश को अच्छी तरह याद है कैसे 'महिला अस्पताल' के पिछवाड़े लावारिश पड़ी रीना को अट्ठारह वर्ष पूर्व उसने देखा था। कुछ ही घंटे पूर्व जन्मा नवजात शिशु! वह नन्हीं सी जान एक मखमली कम्बल में लिपटी हुई थी और उसके कान में चीटियाँ अपना भोजन तलाश रही थीं। संयोग से लगभग दो माह पूर्व ही रूपेश ने समाज से ठुकराये हुए ऐसे बच्चों के लिए आश्रम शुरू किया था।

उस समय रूपेश सोच रहा था कि शायद ईश्वर ने इसी नन्हीं सी जान को बचाने के लिए उसे अनाथाश्रम खोलने की सदबुद्धि दी हो। फरवरी माह की हल्की गुलाबी ठंड पूरे बदन में सिहरन सी

पैदा कर रही थी। अपनी आदत के अनुसार रूपेश हर रोज की तरह सुबह की सैर के लिए आज जैसे ही अस्पताल की ओर से गुजर रहा था, तभी उसके कदम एकाएक सहम गये। सामने देखा तो एक नवजात बच्ची सड़क के किनारे बीमार हालत में पड़ी थी, उसकी सांसे चल रही थीं। किसी भी संक्रमण से बचाने के लिए रूपेश ने उसे तत्काल अस्पताल के आपातकालीन कक्ष में भर्ती करवा दिया।

बच्चे को देखकर डॉक्टर ने रूपेश से सवाल किया, 'यह किसका बच्चा है?' तो रूपेश ने झट से जबाब दिया था, 'मेरा।'

कुछ ही क्षणों में डॉक्टरों के प्रयास और उसकी दुआओं से बच्ची की जान बच गई और उन्होंने रूपेश से कहा था 'थैंक्स गॉड! आपकी बच्ची की जान बच गई।'

बच्ची की जान बच जाने पर रूपेश ने सुकून की साँस लेते हुये कुलदेवता का धन्यवाद किया और फिर उस नन्हीं सी जान को लेकर आश्रम की ओर चल पड़ा। अस्पताल में डॉक्टर बार-बार बच्ची की माँ के बारे में उससे सवाल कर रहे थे, जिन्हें रूपेश लगातार टालने की कोशिश करता रहा था।

कौन नहीं जानता कि आश्रम में काम करने वाली 'ट्रेजा' के दूध पर पली थी रीना। सचमुच कितना ध्यान रखती थी वह रीना का! अपनी बच्ची से भी ज्यादा प्यार करती थी वह रीना को। रीना के लाड़-प्यार में कई बार उसका अपना तीन माह का बेटा दूध पीने से वंचित रह जाता था।

एक बार शहर के मेयर ने रूपेश के आश्रम के लिए दस लाख रुपये का चैक दिया। रूपेश ने उसे सहजता से स्वीकार तो कर लिया, किन्तु कुछ ही दिनों में मेयर ने रूपेश से बातों ही बातों में एक अजीब तरह की फरमाइश रख दी, जिसने अनायास ही रुपेश की उलझनें बढा दी थीं।

'रूपेश जी, मेरा खयाल है कि आपने इन बच्चों की काफी सेवा कर ली है, अब इनकी सेवा का कुछ अवसर आप हमें भी दे दीजियेगा, तो हम धन्य हो जायेगें।'

'गुप्ता जी मैं समझा नहीं।' रूपेश ने चौंकते हुए कहा।

'मतलब साफ है रूपेश जी, आप जान-बूझकर नासमझ बन रहे हैं। आपके आश्रम में रीना नाम की जो लड़की है, उसे आप मुझे दे दीजियेगा, उसका भरण-पोषण व अन्य सभी जिम्मेदारियाँ वहन करने में मुझे कोई हर्ज नहीं है।'

रूपेश ने सोचा कि शायद गुप्ता जी, अपने बेटे की शादी रीना से कराना चाहते हैं। उसने मन ही मन सोचा कि प्रस्ताव तो अच्छा है। गुप्ता जी का करोड़ों का कारोबार है, कई फैक्ट्रियां हैं, मेयर तो वे केवल सम्मान के लिए बने हैं।

रूपेश ने कुछ देर सोचकर फिर कहा 'गुप्ता जी! रीना लाखों में एक है और आपके बेटे अविनाश के साथ उसकी जोड़ी भी खूब अच्छी जमेगी। मुझे कोई आपत्ति नहीं, ऐसा प्रस्ताव तो रीना के भाग्य से ही मिला है।' यह कहकर रूपेश मन ही मन खुश हो गया।

'अरे रूपेश जी! आप क्या कह रहे हैं? अपने बेटे के लिए मैं अनाथाश्रम से दुल्हन ले जाऊँगा? अरे भाई, मुझे तो अपने फार्म हाऊस के लिए रीना जैसी लड़की चाहिए, जब हम वहाँ ठहरें, तो रीना हमारी सेवा कर सके।' रूपेश को ऐसा लगा, मानों किसी ने हजार वोल्ट का करेण्ट उसके शरीर में दौड़ा दिया हो। रूपेश का माथा झनझना उठा था।

तनिक अपने गुस्से पर काबू करते हुए वह सहज होने का प्रयत्न करते हुये बोला 'गुप्ता जी! ये आप क्या कह रहे हैं? आप हमारी रीना को कोई बाजारू या बिकाऊ वस्तु समझने की बहुत बड़ी भूल कर रहे हैं।'

'अरे रहने दीजिए, अपना ये आदर्शवाद। खुद गले तक कीचड़ में धँसे हो और हमें नेकी का पाठ पढ़ा रहे हो?' झल्लाते हुये बोले थे मेयर साहब।

'मैं आपका मतलब समझा नहीं।' रूपेश बोला।

'सब समझ जाओगे, जब चिल्ला-चिल्लाकर सरेआम बताऊँगा कि रूपेश के इन लड़कियों से अनैतिक सम्बन्ध हैं। इसी का फायदा उठाते हुये तो तुमने पैंतालीस वर्ष की उम्र होने के बाद भी शादी नहीं की। अरे! शादी करके करोगे भी क्या? जब दर्जनों बीबियाँ आश्रम के नाम पर चल रहे इस कोठे में रखी हुई हैं।' झुंझलाते हुये बोले थे गुप्ता जी।

गुप्ता जी की बातों को सुनकर अब तो रूपेश आपे से बाहर हो गया और चिल्ला उठा, 'निकल जाइये आप यहाँ से! आप जैसे कुत्सित विचार के लोगों के लिए इस आश्रम में कोई जगह नहीं।' उसने लगभग धक्का देते हुए गुप्ता जी को बाहर खदेड़ दिया।

मेयर साहब तो देख लेने की धमकी देकर चले गये, किन्तु आश्रम में सरेआम सबके बीच अपने ऊपर लगे आरोपों से क्षुब्ध रूपेश कुछ समझ नहीं पा रहा था कि अब उसे क्या करना चाहिए? जिन्हें उसने अपने बच्चों की तरह पाल-पोसकर बड़ा किया, उनके बारे में ऐसे व्यंग्य बाणों से भरे जहरीले शब्द सुनकर उसके चेहरे की मुस्कान गायब हो चुकी थी और उसका पूरा शरीर काँपता हुआ निढ़ाल होता जा रहा था।

एक पखवाड़े बाद अचानक एक दिन आश्रम में पुलिस आई और रूपेश को गिरफ्तार कर ले गई। रूपेश पर यौन-शोषण का आरोप था और आश्रम की आड़ में अवैध रूप से लड़कियों की खरीद-फरोख्त जैसा संगीन मामला भी उसके ऊपर था। आरोप लगाने वाला भी कोई साधारण व्यक्ति न होकर इस शहर का प्रथम नागरिक अर्थात मेयर साहब जैसा तथाकथित प्रतिष्ठित और जिम्मेदार

व्यक्ति था। मामला गंभीर होना तो स्वाभाविक ही था।

रूपेश को पुलिस पकड़ कर ले गई, तो पूरे आश्रम में कोहराम मच गया। आश्रम के कर्मचारियों एवं वहाँ पर वास कर रहे लोगों को इस बात पर आश्चर्य था कि आखिर पुलिस बिना किसी साक्ष्य अथवा जाँच के, बेबुनियाद आरोपों के दम पर रूपेश को कैसे गिरफ्तार करके ले गई?

रूपेश ने जाते समय आश्रमवासियों को आश्वस्त किया था कि वह जल्दी वापिस आयेगा और उन लोगों के खिलाफ मोर्चा संभालेगा, जिन्होंने इस तरह का षड़यंत्र कर, पूरे आश्रम की प्रतिष्ठा को धूमिल करने का कुत्सित प्रयास किया है। ऐसा कहते हुए रूपेश आत्म-विश्वास से लबरेज था।

रूपेश की अनुपस्थिति में आश्रम के मुख पत्र 'आश्रय संदेश' का नवीनतम अंक निकला, तो रीना के लिखे संपादकीय ने शहर में धूम मचा दी। गरीब व समाज द्वारा ठुकराये बच्चों और महिलाओं को आश्रय देने वाले रूपेश को झूठे आरोपों में फंसा कर उसके खिलाफ षडयंत्र करने वालों को उसने अपने लिखे संपादकीय में बेनकाब किया था और पुलिस प्रशासन को मेयर के हाथों बिका हुआ बताकर प्रशासनिक हल्के में हडकंप मचा दिया था। इतना ही नहीं, मेयर साहब के नापाक मंसूबों को भी उसने विस्तार से उजागर किया था।

'आश्रय संदेश' ने लोगों को मेयर गुप्ता जैसे सफेदपोश लोगों के खिलाफ लामबंद करने में कामयाबी हासिल कर दी थी और शहर के आम लोग रूपेश के पक्ष में खड़े होकर जनांदोलन पर उतर आये थे। अन्ततः प्रशासन को अपनी गलती का अहसास हो गया और जनता के प्रतिरोध के सामने झुककर पुलिस ने रूपेश को ससम्मान रिहा कर दिया।

बचपन से फुटपाथों की ठोकर खाकर रूपेश ने कभी भी

हिम्मत नहीं हारी थी। खुली छत के नीचे भगवान भरोसे दो जून की रोटी खाकर और कभी-कभी भूखे पेट सोकर, अपने लक्ष्य की प्राप्ति के लिए वह हमेशा संघर्षशील रहा। उसके संघर्षों की ही परिणति थी कि आज वह अन्य बेसहारों का सहारा बन बैठा है। कई बेसहारा बचपन, यौवन उसके आँगन में भविष्य की खुशियों को संजोये सुकून की साँसें ले रहे हैं। आज रूपेश इन्हीं अनाथ व निःसहाय बच्चों के बीच अपना सुख और अपना परिवार ढूँढता है।

रूपेश जेल से छूटा, तो सभी इलेक्ट्रॉनिक चैनलों व अखबारनवीसों ने 'एक महानायक की रिहाई' जैसे अलंकरणों से नवाजकर आश्रम में चल रही अनेक कल्याणकारी गतिविधियों को अपनी लीड खबर बनाया। अपनी रिहाई के समय बाहर खड़े विशाल जन समूह को देखकर रूपेश की आँखें भर आईं। उसे लगा कि उसने तो अनाथ, अशक्त, बेसहारा व समाज द्वारा ठुकराये हुये बच्चों व महिलाओं को आश्रय दिया था, लेकिन लोगों ने और समाज ने उसे सर-आँखों पर बिठा कर एक ऐसा आश्रय दे दिया है, जिसे कोई भी उससे छीन नहीं सकता।

लोगों के प्यार व सम्मान से अभिभूत रूपेश समझ चुका था कि जन-बल के आगे धन-बल न कहीं टिक सका है और न ही कहीं टिक पायेगा।

■■■